문제를 해결하고 삶을 바꾸는

생존독서

• 본문 일러두기
1. 책 이름은 《 》로 표기하고, 저자와 출판사는 책 이름 뒤에 (   )로 표기했습니다.
2. 생존독서, 주제독서, 원페이지 독서맵핑 등 생존독서와 관련된 용어는 저자의 표기법을 따랐습니다.

문제를 해결하고
삶을 바꾸는
생존독서

생존책방(송선커) 지음

원페이지 독서맵핑으로
책과 삶을 연결하라

애플시드
APPLE SEED

들어가며

> 나를 위한 독서에서
> 사람을 살리는 독서로!

"저를 포기하지 않고 절망의 늪에서 꿈꾸는 삶으로 끌어내 주셔서 감사합니다!"

가장 기억에 남는 생존책방 회원의 후기입니다. 이분은 과거에 식당 직원으로 일하다가 회사에서 인정을 받아 프랜차이즈 직원을 교육하는 실장이 되었습니다. 현재는 자신만의 식당을 만들 꿈을 꾸고 있습니다. 예전에는 모든 희망을 잃고 삶을 포기하려던 분이었지만, 생존독서를 통해 비교 의식과 부정적 사고를 긍정적 사고로 바꾸자 삶도 변했습니다.

누구나 잘살고 싶은 마음이 간절합니다. 하지만 현실은 녹록지 않습니다. 실패와 좌절의 기억이 새로운 도전을 두려워

하게 만듭니다. 만일 자신의 목표와 계획을 행동으로 옮기기 어렵다면, 의지가 약해서가 아니라 자신이 꿈을 이룰 모습이 잘 그려지지 않기 때문일지도 모릅니다. 꿈과 목표에 대한 열망은 있으나 이를 실현할 수 있다고 믿지 못해 행동으로 이어지지 못하는 것입니다.

저 역시 제가 꿈꾸던 삶이 좌절되었던 뼈아픈 경험이 있습니다. 행복한 결혼생활을 꿈꾸었지만 현실은 좌절과 절망의 연속이었습니다. 하지만 포기할 수 없었습니다. 사랑하는 가족을 위해 문제의 원인을 찾아야 했습니다. 더는 제 안에서 답이 나오지 않다는 것을 인정하고, 문제 해결을 위해 제가 선택한 방법은 독서였습니다. 처음에는 낯설고 힘들었지만, 절박한 심정으로 저에게 필요한 주제를 중심으로 20권 이상의 책을 읽으며 답을 찾기 위해 노력했습니다. 독서를 통해 얻은 인사이트를 원페이지 독서맵핑으로 내용을 시각화하고, 이 과정에서 찾은 문제 해결의 실마리를 실행에 옮겼습니다. 그렇게 제 삶과 독서를 연결하며 문제를 해결하는 법을 찾았습니다. 그 결과 '독서와 내 삶을 연결하여 책을 읽으면 문제를 해결할 수 있다'는 것을 알았습니다.

생존독서는 단순한 책 읽기가 아닙니다. 문제를 해결함으로써 삶을 변화시키는 구체적인 독서 방법입니다. 이 책은 교양이나 취미를 위한 책이 아닙니다. 대신, 여러분이 당면한 문제를 독서를 통해 어떻게 해결할 수 있는지 알려주는 실질적인 전략을 말합니다. 좌절에 빠진 생각과 낮아진 목표 기준을 다시 높이고 문제 해결에 대한 자신감을 갖도록 돕는 책입니다. 독서와 나의 삶을 연결하여 문제를 적극적으로 해결하기 위한 행동을 이끌어내는 독서. 이것이 제가 소개하려는 생존독서입니다.

생존독서를 시작한 지 3년 차가 되었을 때 아내가 갑자기 저에게 질문했습니다. "여보! 그런데 왜 자기계발은 계속해야 하는 거야?" 답을 하기가 어려운 질문이었지만, 저는 바로 이렇게 대답했습니다. "응. 난 3년 전에 지금의 모습이 되고 싶었던 것 같아. 일과 가정, 두 마리 토끼를 잡고 싶었거든. 그래서 앞으로도 자기계발은 꾸준히 할 거야. 아직 이루고 싶은 꿈이 많거든."

그렇습니다. 자신이 바라는 삶을 이루기 위해서 우리는 자기계발을 합니다. 그리고 많은 분이 저처럼 자기계발을 위해 독서를 합니다. 하지만 자신의 삶과 연결되지 않은 책 읽기는 변화를 경험하기 어려워서 금방 지치고 맙니다. 책을 통해 변화하려면 문제 해결을 위한 독서를 해야 합니다.

생존독서는 누구나 할 수 있는 효과적인 독서 방법입니다. 당신이 어떤 일이 있었는지, 지금 어떤 상황에 부닥쳐 있는지 저는 모릅니다. 그러나 그동안 아무리 책을 읽어도 변화를 경험하지 못했다면, 생존 독서 모드의 스위치를 켜 보시기 바랍니다.

생존독서 모드의 스위치를 켜는 순간, 누가 시키지 않아도 스스로 독서에 몰입하는 선순환이 시작되면서 삶의 변화를 경험하게 될 것입니다.

문제를 해결하고 삶을 바꾸기를 원한다면 지금 바로 '생존독서'를 시작하기 바랍니다.

2025년 6월
생존책방(송선규)

목차

들어가며   4

1장 생존독서, 문제 해결로 삶을 바꾸다

1. 생존독서로 아내와의 정서적 갈등을 해결했습니다   13
2. 생존독서로 경제적 문제 해결의 실마리를 찾았습니다   19
3. 생존독서로 자기 효능감을 회복했습니다   25
4. 생존독서로 삶이 변했습니다   33
5. 생존독서는 독서를 삶의 경험으로 연결해 줍니다   39

2장 생존독서 1단계, 문제 정의 - 내 문제를 책과 연결하기

1. 왜 자신의 문제를 스스로 정의하는 것이 중요할까   51
2. 문제 정의와 읽을 책 연결하기 (1) - 로직트리   55
3. 문제 정의와 읽을 책 연결하기 (2) - 만다라트   69

3장 생존독서 2단계, 주제독서 - 20권 이상의 책으로 문제 파고들기

1. 주제독서의 첫 번째 목표 - 20권 이상 책 읽기   91
2. 한 주제에 관해 20권 이상 읽어야 하는 이유   95
3. 주제와 키워드를 확장하며 읽기   99

4. 주제 선정과 책 고르는 방법 109

4장 생존독서 3단계, 원페이지 독서맵핑 - 문제 해결책 시각화하기

1. 뇌가 가장 좋아하는 책 정리 방법 - 원페이지 독서맵핑 121

2. 원페이지 독서맵핑의 5가지 효과 127

3. 원페이지 독서맵핑 전에 해야 할 일 - 5분 예비 독서와 목적 질문 만들기 133

4. 원페이지 독서맵핑 5단계 143

5. 원페이지 독서맵핑 후 책과 삶 연결하기 167

5장 생존독서 후 문제 해결 경험을 콘첸츠로 기록하기

1. 생존독서 경험을 콘첸츠로 기록하며 비즈니스 기회가 생깁니다 181

2. 생존독서의 성장 단계별 콘텐츠 187

3. 생존책방의 콘텐츠 성장 과정 195

부록 원페이지 독서맵핑 사례 203

1장

생존독서, 문제 해결로 삶을 바꾸다

1

생존독서로
아내와의 정서적 갈등을 해결했습니다

저는 딱히 꿈이 없었습니다. 성공에 대한 욕망도 크지 않았습니다. 어릴 때 경제적인 문제와 성격 차이로 늘 다투는 부모님을 지켜보면서 나중에 결혼한다면 '나는 부모님처럼 다투면서 살지 않을 거야'라고 다짐하곤 했습니다. 이런 이유로 결혼해서 행복한 가정을 일구고 싶은 것이 저의 유일하고 소중한 바람이었습니다.

하지만 제 바람과는 다르게 결혼생활은 제가 생각한 가정의 모습과 달랐습니다. 아내와의 관계에서 저의 부족한 공감능력은 매일매일 갈등을 일으켰습니다. 게다가 저는 경제적으로 무능력한 남편이기도 했습니다. 결혼하면 우리 가정은 당연히 행복할 것으로 생각했는데, 이는 저만의 환상이었습니다. 눈 앞에 펼쳐진 현실은 암흑과 같았습니다.

무엇보다 아내와의 관계가 너무 힘들었습니다. 두 아이를 키우면서 "여보, 나 너무 힘들어 …", "여보, 나 외로워. 이렇게 사는 것이 과연 맞는지 모르겠어. …"라고 뜬금없이 투정하는 아내의 말을 도무지 이해할 수 없었습니다. 이런 말을 들을 때마다 "도대체 뭐가 힘들다고 하는 거야?"라고 버럭 화부터 냈습니다. 아내 처지에서 왜 이런 말을 하는지 마음을 헤아리거나 공감하지 못하고 저에 대한 공격으로 받아들이며 화를 냈습니다. 문제를 직시하고 적극적으로 해결하려고 노력하기 보다는, 임시로 상황을 모면하기 위해 그럴듯한 말로 대안을 제시하면서 책임을 전가하는 데 급급했습니다.

아내는 저에게 공감과 따뜻한 위로의 말 한마디를 원했던 것인데, 저는 아내가 왜 화를 내는지 그 이유를 도저히 이해할 수 없었습니다. 아니, 그 이유가 뭔지 제식대로 짐작하고 추측하여 그럴듯한 해답을 제시하는 저만의 게임을 하고 있었던 것입니다.

아내는 자신의 마음을 헤아리지 못한 채, 그저 부부 사이의 갈등을 어떻게든지 해결하려고 애쓰는 제 모습에 화가 나기도 하고 안쓰럽기도 했나 봅니다. 어느 날 아내가 절망적으로 말했습니다. "당신 그만 노력해! 노력하는 모습이 더 참기 힘들어!" 아무리 해도 제 태도가 변화되지 않을 거라는 아내의 체념 섞인 절규는 저에게 너무나도 큰 충격으로 다가왔습니다.

도저히 이해할 수 없고, 제힘만으로는 어떻게 할 수 없는 아내와의 정서적 갈등은 깊어만 갔습니다. 이를 해결하기 위해 때로 어른을 찾아가 조언을 구하기도 했고, 부부 심리상담을 받기도 했습니다. 하지만 도움을 요청하는 그 순간은 잠깐 변화되는 것 같았지만, 시간이 지나면 다시 제 자리로 돌아오곤 했습니다. 더군다나 경제적인 문제 때문에 상담을 지속하기도 힘들었습니다.

일상에서 매일매일 맞닥뜨리는 아내와의 갈등은 저에게도 너무나 큰 스트레스였기에 어떻게 해서라도 이 문제를 해결하고 싶었습니다. 이리저리 방법을 고민하다 최소 비용으로 이 문제를 해결할 방법을 찾던 중 '독서를 통해서 문제의 답을 찾아보면 어떨까?'라는 생각이 들었습니다. 곧바로 서점에서 '예민함'이라는 키워드로 책을 검색했습니다. 당시 아내가 "당신은 지나치게 예민한 게 문제야!"라고 자주 얘기했던 터라, '예민함'이라는 주제를 다룬 3권의 책을 골라 읽기 시작했습니다. 그냥 책을 읽은 것이 아니라, 문제를 해결하기 위해 온 신경을 집중해서 지푸라기라도 잡는 심정으로 책을 읽고 또 읽었습니다. 밑줄을 긋고 메모를 하고 생각을 정리하고, 그리고 이를 거울삼아 제 내면을 들여다보면서 책에 깊숙이 빠져들었습니다. 그러자 조금씩 제 문제점이 눈에 들어오기 시작했습니다. 복잡하게만 느껴졌던 감정에 관해 조금씩 조금씩 눈을 뜨기 시작했습니다. 제 문제에 대한 실마리가 보이기 시작한 것입니다.

몇 권의 책을 더 읽으면 해결의 실마리를 잡을 수 있겠다 싶어 제 내면에서 일어나는 감정의 패턴을 좀 더 깊이 있게 공부하려고 책을 찾다가 《가짜 감정》(김용태, 미류책방)이라는 책을 발견했습니다. 이 책을 통해서 저의 '예민함'은 표면 감정일 뿐이고 본질적인 심층 감정은 '수치심(자존심)'이라는 사실을 깨달았습니다. 한마디로 아내가 속상하다고 말했을 때, 버럭 화를 냈던 것은 아내와 가정을 돌볼 수 없는 제 '수치심(자존심)'을 방어하기 위한 방어기제였다는 사실을 깨달게 되었습니다. 이 사실을 깨닫기 전까지는 공감해 달라는 아내의 요구가 제 능력 밖의 일처럼 느껴져서 부담스러웠습니다. 그래서 그동안 분노로 표현하곤 했던 것입니다.

아내의 감정을 이해하기 위해 심리학 도서를 공부하듯 읽으며, 난생처음 책으로 '감정'이라는 복잡한 세계를 알게 되었습니다. 아내의 고민을 듣고 별생각 없이 문제 해결책을 제시하는 것이 아내에게 왜 마음의 상처가 되는지, 대안 제시보다는 경청과 공감이 왜 더 중요한지를 알았습니다. 이제는 분노가 일어나도 감정대로 휩쓸리지 않고 내가 원하는 것을 선택할 힘을 길러가게 되었습니다. 왜곡된 해석이 아닌 사실을 근거로 판단하기 시작했습니다.

이렇게 심리학 독서로 '감정'에 관해 이해가 깊어지면서 아내가 저에 대한 불만을 쏟아낼 때, 감정적으로 반응하지 않고, 제가 원하는 것을 천천히 말할 수 있게 되었습니다. 아내가 힘들다고 얘기할 때, 화를 내거나 논리적이고 그럴듯한 해결책을 제시하려고 애쓰기보다는 아내의 말을 경청하고 공감하는 자세로 바뀌기 시작했습니다. 그러자 어느 순간 아내의 눈빛이 변하기 시작했습니다. 우리 둘 사이에 처음으로 정서적 소통이 되고 있다고 느끼는 것 같았습니다. 아내는 이러한 제 변화를 보며 놀라워했습니다. 이것은 독서에 대한 전혀 새로운 경험이었습니다. 저에게 당면한 문제가 독서로 해결된 행복한 경험이었습니다.

'생존독서'는 이렇게 시작되었습니다. 제 문제가 무엇인지를 깨닫게 하고 아내와의 관계를 변화시킨 소중한 경험은 저에게 독서에 대한 자신감을 느끼게 했습니다. 그동안 문제가 생기면 회피하기 일쑤였지만, 지금은 스스로 문제를 정의하고 이를 해결하기 위한 방법을 찾기 위해 책을 읽게 되었습니다.

물론 몇 권의 책만으로 문제를 완벽하게 해결했다고 할 수는 없지만, 독서에 몰입한다는 것만으로도 난생처음 맛보는 큰 성취감이었습니다. 이러한 경험은 '삶의 문제를 회피하지 않고 이를 해결한다는 각오로 독서를 해 보면 내 인생도 바뀌지 않을까?'라고 기대하게 했습니다.

2

생존독서로
경제적 문제 해결의 실마리를 찾았습니다

 제가 해결해야 할 또 다른 것은 경제적인 문제였습니다. 저는 어렸을 때부터 기초생활보장 수급자 가정에서 자랐습니다. 그런데 결혼하고 돌아보니, 제 아이들도 기초생활보장 수급자가 되었습니다. 결혼하면 가난은 끝나는 것이라고 믿고 싶었는데, 여전히 가난은 제 삶의 이름표처럼 따라다녔습니다.
 '경제적으로 무능한 30대 철없는 남편과 아빠의 모습!'
 인정하기 싫었지만 인정할 수밖에 없는 뼈아픈 현실이자 제 모습이었습니다. '어떻게 하면 경제적인 문제를 해결할 수 있을까?' 고민에 고민을 거듭하다가, 책을 읽고 아내와의 관계가 개선된 성공 경험이 떠오르며 독서가 눈에 들어왔습니다. 제가 생각하기에 독서를 통한 변화는 다른 무엇보다 적은 비용으로 가장 큰 변화를 기대할 수 있는 수단이었습니다. 불가능하게만 여겼던 저의 무딘 감정의 문제를 독서가 해결해 준 것처럼, 어쩌면 독서를 통해 경제적 문제도 해결할 수 있는 최고의 방법을 찾을 수 있을지 모른다는 생각이 들었습니다. 생각이 여기에 이르자 인생의 두 번째 과제인 경제적 문제를 해결하기 위해 다시 독서를 시작했습니다.

가정을 온전히 책임져야 하는 30대 중반의 나이에 독서를 통해 경제적 문제를 해결할 수 있는 방법을 무턱대고 찾아 나서는 것이 무모하다는 생각이 들기도 하고, 어쩌면 헛고생일지도 모른다는 두려움이 밀려왔습니다. 하지만 저 자신의 감정과 태도를 변화시킨 독서에 대한 소중한 경험이 새로운 길을 찾아 나서는 데 용기를 북돋웠습니다.

이때부터 더는 물러설 수 없는 생존의 절벽에 서게 되었습니다. 한계를 뛰어넘는 방법을 찾기 위해, 경제 문제를 해결할 방법을 찾기 위해, 닥치는 대로 책을 읽기 시작했습니다. 아무리 바빠도 짬을 내서 하루에 4시간 이상 책을 읽었습니다. 점심시간이나 가족들이 잠들었을 때 잠을 줄이며 책을 읽었습니다. 새벽에 녹즙 음료를 배송하는 시급제 아르바이트를 하면서도 시간을 쪼개서 책을 읽었습니다. 집에서 아이를 돌보면서도 매일매일 독서를 이어갔습니다.

그런데 문제는 아무리 책을 열심히 읽어도 글만 읽었다는 느낌이 들었습니다. 책을 읽고 나서 막상 덮으면 '이 책 정말 좋았어'라는 감정만 남을 뿐 내용이 전혀 기억이 나지 않았습니다. 책을 완독했다는 뿌듯함과 지적인 만족감은 컸지만, 정작 독서를 통해 알게 된 내용을 삶에 구체적으로 적용할 수가 없었습니다. 그렇다 보니 책에서 읽은 내용을 실천하기는 더욱 힘들었습니다. 어떨 때는 한글 파일에 밑줄 친 내용을 따로 타이핑하며 내용을 정리해 두기도 했지만, 그때뿐이었습니다. 정리한 문장을 다시 보기도 쉽지 않았습니다. 더군다나 정리하는 데 너무 많은 시간과 에너지를 쏟는 것도 여간 힘든 일이 아니었습니다.

이런 문제를 해결하기 위해 블로그에 제 독서 기록을 올려보기로 했습니다. 먼저 아내와의 정서적 갈등을 해결하기 위해 읽었던 책을 통해서 알게 된 '감정' 이야기뿐 아니라, 이런 깨우침을 아내와의 소통 국면에서 어떻게 적용했는지를 함게 블로그에 포스팅했습니다. 이렇게 독서와 제 경험을 1년 동안 꾸준히 포스팅했더니, 제 이야기에 공감하면서 자신의 이야기를 공유하는 분도 생기고, 진심 어린 격려와 응원을 해 주시는 분도 많아졌습니다.

문득 심리학책 20권 이상을 주제독서 하면서 이해한 지식과 제 경험을 토대로 '감정에 관한 독서 모임을 운영해 보면 어떨까?'라는 생각이 들었습니다. '내가 심리상담사도 아니고 정신과 의사도 아닌데 누가 심리학 독서 모임에 참여하겠어?'라는 의구심이 들기도 했지만, '심리상담사나 정신과 의사의 도움을 받더라도 결국 자기 자신이 셀프 치유를 하지 못하면 아무 소용이 없다'라는 제 나름의 경험을 확신하며 셀프 치유 독서 모임을 일단 시작해 보기로 했습니다.

기대 반 우려 반으로 '완독하면 참가비를 100% 환급하는 셀프 치유 독서 회원 모집' 공지문을 블로그 게시판에 포스팅했습니다. 과연 사람들이 반응이 있을지 마음을 졸였습니다. 그런데 결과는 뜻밖이었습니다. 제 우려를 불식시키듯 12명이나 지원했습니다.

생존책방의 셀프 치유 독서 모임은 이렇게 시작되었습니다.

무엇보다 독서를 통해서 제 문제를 해결한 경험이 누군가에게 도움이 된다는 사실이 저를 설레게 했습니다. 제가 독서를 통해 다른 사람에게 진정한 도움을 줄 수 있다면, 어쩌면 독서로 경제적 문제도 해결할 수 있겠다는 기대가 생겼습니다.

3

생존독서로
자기 효능감을 회복했습니다

저는 생존독서를 '독서 PT'라는 새로운 독서 코칭 방식으로 발전시켜 전업 독서가가 되었습니다. 독서 PT는 문제 해결을 위해 체계적으로 독서를 코칭하는 저만의 방식입니다. 운동을 하고 싶지만, 방법과 의지가 부족한 사람이 전문가에게 PT를 받는 것과 같습니다.

제 독서 PT 첫 회원은 대학생이었습니다. 이 학생은 학사 경고를 4번 받고 부모님과 갈등을 겪는 어려운 상황에 있었습니다. 하지만 본인 스스로 무엇이 문제인지 정리가 되지 않아 혼란스러워했습니다. 평상시 책을 즐겨 읽지도 않아서 독서를 통해 자신의 문제를 해결한다는 것은 생각조차 할 수 없었습니다.

학생에게 독서를 통한 제 변화의 경험을 설명하며 독서를 PT 하듯이 알려줄 테니 같이 문제를 해결해 보자고 제안했습니다. 처음에는 부정적이었지만, 학생은 끈질긴 제 설득에 못 이겨 마지못해 독서 PT를 시작하기로 했습니다.

학생에게 독서 PT는 자신의 문제를 스스로 정확히 정리하는 것으로부터 시작한다고 설명했습니다. 생존독서는 지식과 교양을 위한 독서가 아니라 문제 해결을 위한 독서법으로, 문제를 제대로 정리해야 이를 해결하기 위한 책을 고르고 심층 독서를 시작할 수 있기 때문입니다. 이를 위해 생존독서의 문제 정리 툴을 소개하고 자신의 문제를 정리해 보도록 조언했습니다. 처음에는 무척 힘들어했지만, 저의 도움을 받아 마침내 자신의 문제를 3가지로 정리할 수 있었습니다.

첫째, 자신의 진로에 대한 부모님과의 갈등
둘째, 전공 공부에 대한 목표 의식 부재
셋째, 충동적인 소비 습관

생존독서를 시작할 때 문제를 정리하는 것 못지않게 문제

이면에 있는 근본적인 원인을 찾는 것이 무엇보다 중요합니다. 저도 표면적인 문제는 아내와의 갈등이었지만, 근본 원인은 제 마음속의 '자존심(수치심)'이었습니다.

학생이 정리한 3가지 문제를 토대로 그 문제들의 근본 원인을 함께 고민하며 찾아보았습니다. 이 과정에서 학생의 마음 깊숙이 '인정 욕구의 결핍'이 자리를 잡고 있다는 사실을 발견했습니다. 부모님에게 인정받고 싶지만, 학생은 부모님이 자신을 믿지 못한다고 생각했습니다. 그렇다 보니 일상에서 자신감이 점점 사라지고, 이를 회피하기 위해 충동적으로 소비를 하면서 대리 만족감을 느꼈던 것입니다. 한마디로 일상에서 자기 효능감을 회복하는 것이 절실하다고 결론을 내렸습니다. 그래서 학생의 독서 PT의 목표를 '일상에서 자기 효능감의 회복'으로 정하고, 이를 위한 책을 선정했습니다.

당시에 학생은 음식점 아르바이트를 하고 있었습니다. 언젠가 자신도 식당을 운영해 보고 싶다고 했지만, 막연한 생각뿐이었고 자신감도 없었습니다. 이런 상황을 고려할 때 무엇보다 지금은 현재 자신이 하는 일에서 자신의 가치를 높이는 방법을 찾아보는 것이 자기 효능감을 경험하는 데 효과적이라고 판단했습니다. 그래서 식당 운영에 도움이 되는 음식점 창업 성공에 관한 책과 SNS 마케팅 책을 20권 선정해서 생존독서를 시작하기로 했습니다.

생존독서를 하고 나서 얼마 지나지 않아 학생의 생각과 눈빛이 달라지기 시작했습니다. 학생에게 SNS 마케팅에 관한 지식과 인사이트가 생겨나자 자연스럽게 자신이 아르바이트하는 가게의 인스타그램 계정이 눈에 들어왔습니다. 가게의 인스타그램은 말 그대로 계정만 만들어 놓고 거의 방치되고 있었습니다. 학생은 가게 사장님에게 자신이 직접 가게 인스타그램 계정을 운영해 보겠다고 제안했습니다.

생존독서로 얻은 지식과 방법을 적용하면서 인스타그램을 운영하자 팔로워 수와 '좋아요', '댓글'이 늘어나면서 눈에 띄게 매출이 오르기 시작했습니다. 이러한 변화에 깜짝 놀란 사장님이 학생에게 정직원으로 근무할 것을 제안했고, 급여도 3배 이상 뛰었습니다.

생존독서를 통해 자신의 새로운 능력을 발견하고 문제를 해결하는 놀라운 경험이 생기자 학생은 일에 대한 자신감을 느끼게 되었습니다. 학생의 변화된 모습을 지켜본 부모님도

학생을 대하는 태도가 사뭇 달라졌습니다. 지금 학생은 학업을 잠시 보류하고 사장님에게 음식점 창업과 경영 노하우를 배우면서 새로운 꿈을 키우고 있습니다.

생존책방의 **독서 인사이트**

당신이 독서를
지속할 수 없는 3가지 이유

"아무리 읽어도 남는 게 없는데 이렇게 계속하는 게 맞을까?"

"책을 꾸준히 읽으려면 어떻게 읽어야 할까?"

독서의 중요성을 모르는 사람은 없습니다. 성공한 사람들의 공통점은 독서이며 책을 읽으면 삶이 바뀐다고 하는데 왜 좋은 것을 알면서도 독서를 지속하기 힘든 걸까요? 우선 독서의 함정 3가지를 기억해야 합니다.

첫 번째 독서의 함정은 읽기를 위한 읽기입니다.

목적 없는 읽기는 취미 독서일 때만 의미가 있습니다. 독서를 지속하려면 문제 해결을 위한 목표와 목적을 갖고 책을 읽고 그 과정에서 문제를 해결해 나가는 과정을 스스로 경험해야 합니다. '책을 읽어 보니까 진짜 달라지긴 하는구나!'라는 자기 경험이 있어야만 꾸준한 독서가 가능합니다. 책 읽으면 좋다고 옆 사람이 아무리 말해도 남이 주는 동기부여는 시간이 지나면 금방 사라지고 맙니다. 내 안에서 '되겠다!'라는 확신이 들어야 합니다.

두 번째 독서의 함정은 변화에 대한 의심입니다.
'책을 읽는다고 뭐가 바뀌겠어?'라는 무의식이 자리 잡고 있으면 독서를 지속하기 어렵습니다. 영상 콘텐츠를 소비할 때는 손가락만 움직이면 보상을 즉시 해 주지만, 독서는 단기간에 보상을 주지 않기 때문에 버텨낼 이유가 필요합니다. 내 삶이 달라질 것이라는 기대가 없는데 어떻게 독서를 지속할 수 있을까요?

세 번째 함정은 도파민 중독입니다.

숏폼 형태의 콘텐츠를 하루에 2시간~3시간 이상 소비하고 있는 사람이 점점 증가하고 있습니다. 그렇다 보니 책 읽기에 5분을 집중하기가 힘듭니다. 책을 읽다가도 갑자기 사야 할 물건이 생각나서 스마트폰을 집어 들거나 연락해야 할 사람이 생각납니다. 다행히 뇌는 가소성이 있어 의식적인 훈련을 한다면 얼마든지 변화는 가능합니다. 적어도 독서에 30분 몰입할 수 있을 때까지 스마트폰에서 벗어날 수 있는 환경을 의식적으로 만들어야 합니다. 방법은 다양합니다. 스마트폰과 공간을 분리하고 독서하기, 스마트폰 사용을 최대한 불편하게 만들기(흑백 모드, SNS 알림 OFF), 책을 읽는 모임에 참여하거나 직접 운영하기 등 자신에게 맞는 방법을 찾아야 합니다.

4

생존독서로
삶이 변했습니다

 살아오면서 자신의 효능감과 성공의 경험을 하지 못해 좌절하던 학생이 제가 제안한 독서 PT 프로그램을 통해 변화한 경험은 저에게도 새로운 지평을 열어 주었습니다. 이 학생과의 1:1 독서 PT 과정을 블로그에 기록하자 "저도 독서 PT를 받아볼 수 있을까요?"라는 문의가 늘기 시작했습니다. 대안학교에서도 독서 강의를 제안받아 제가 그동안 기록하며 경험으로 쌓아온 독서 콘텐츠로 강의를 하게 되었고, 전체 교사를 대상으로 1:1 독서 PT도 진행하게 되었습니다.

 제 문제를 해결하기 위해 무작정 시작한 생존독서가 저뿐만 아니라 다른 사람의 문제를 해결하는 경험을 하게 되면서 조금씩 생존독서에 대한 자신감이 생기기 시작했습니다. 이는 저를 변화시킨 독서가 다른 사람도 변화시킬 수 있다는 자신감을 갖게 했습니다. 그 결과 마침내 저는 전업 독서가라는 타이틀로 새로운 지식 콘텐츠 비즈니스 분야에 도전하기로 마음먹었습니다. 삶을 바꾸려면 새로운 생각과 새로운 행동이 필요했습니다.

"여보, 이제 아르바이트를 중단하고 전업 독서가에 도전해도 괜찮을까?"

아내는 가족의 삶을 책임지려는 제 변화된 모습과 새로운 성공 모델의 결과를 보며 전업 독서가라는 생소하고 무모한(?) 도전을 믿고 지지했습니다.

하지만 전업 독서가가 되는 과정은 쉽지 않았습니다. 제 콘텐츠와 성공의 경험을 알리기 위해 2년 동안 15회 이상 무료 강의를 진행했고, 300개 이상의 블로그 글을 포스팅했으며, 릴스 180개, 130개의 카드 뉴스와 게시물을 꾸준히 포스팅했습니다. 이 과정에서 체중이 5kg이나 줄기도 했습니다. 독서도 열심히 하면 다이어트 효과가 있다는 것을 이때 처음으로 경험했습니다.

사자에게 쫓기는 얼룩말처럼 절박한 심정으로 시작한 생존독서가 얼룩말이라는 목표를 쫓는 사자로 저를 변화시켰습니다. 안 된다는 생각보다 되는 방법을 찾을 때까지 실천하는 사람이 되었고, 해야 할 일을 미루지 않고 참아 낼 힘이 생겼습니다. 매월 100명이 넘는 이들에게 독서 코치를 하며 '변할 수 있다는 소망과 변할 수 있는 전략을 찾는 방법'을 알려 주는 독서 전문가로 성장했습니다.

생존독서는 아내와의 관계에서 공감력이 부족했던 저를 공감할 줄 아는 남편으로 변화시켰습니다. 경제적으로 무기력하고 무능력하기만 했던 저를 가정의 경제적 문제를 책임질 수 있는 아빠와 남편이 되도록 했습니다. 소중한 가정을 지키기 위해 지푸라기라도 잡는 심정으로 시작한 생존독서가 문제를 해결할 수 있는 무기가 되어 저를 변화시켰고, 저와 가족을 변화시켰으며, 절실한 문제를 해결하고픈 사람을 변화시키고 있습니다.

그동안 부단히 독서 활동과 경험을 기록한 생존독서의

SNS 계정도 8천 명의 블로그, 4만 명의 인스타그램, 1만 명의 유튜브로 성장하여 전체 약 6만 명 이상의 독서 플랫폼으로 성장했습니다.

재능은 없지만 소중한 가정을 지키기 위한 책임감과 절박함에서 지푸라기라도 잡는 심정으로 시작한 생존독서가 이제는 '독서를 통해 문제를 해결하고 삶을 바꾸는 플랫폼인 생존책방'으로 발전하였습니다. 저 또한 매월 100명이 넘는 이들에게 독서 코치를 하는 독서 전문가로 성장했습니다.

생존독서는 '책이나 한번 읽어 볼까?' 하는 막연한 생각으로 시작하는 독서가 아닙니다. 더는 물러설 수 없는 상황에서 책에서 답을 찾아내고야 말겠다는 임전무퇴의 각오로 임하는 독서 방법입니다. 이 둘은 애초에 접근 방식이 다르고 결과도 다를 수밖에 없습니다.

생존독서에 필요한 것은 독서 습관이 아닙니다. 자신의 문제를 해결하기 위한 절박함과 문제를 해결하기 위해 독서에 몰입하는 태도가 무엇보다 중요합니다. 물론 문해력이 책을 이해하는 깊이의 차이를 만드는 데 도움이 될 수 있습니다. 하지만 자기 문제에 몰입하는 집중력이 없다면 문해력만으로는 절대 당면한 문제를 해결할 수 없습니다. 그래서 생존독서를 처음 시작하는 사람에게 저는 "책을 많이 읽으세요!"라는 말을 하지 않습니다. 이보다는 오히려 자신의 문제를 제대로 정리하고, 그 문제의 답을 찾기 위해 책을 제대로 선정하고, 책을 읽고 잊지 않도록 한 페이지로 정리하고, 현실에서 이를 적극적으로 실천하라고 강조합니다. 생존독서라는 무기로 자신의 한계를 한번 뛰어넘어 보라고 말합니다. 저는 생존독서라는 무기를 통해 "반드시 당신도 변할 수 있습니다."라고 말하고 싶습니다.

5

생존독서는
독서를 삶의 경험으로 연결해 줍니다

독서를 하는 이유와 목적은 사람마다 다릅니다. 지식을 쌓기 위해 독서하는 사람이 있고 즐거움을 얻기 위해 독서하는 사람도 있습니다. 하지만 책을 읽는 이유와 관계없이 열심히 책을 읽고 나서 막상 책을 덮으면 책을 완독했다는 기쁨은 크지만, 남는 게 별로 없다고 느끼는 사람이 많습니다. 그 이유가 무엇일까요? 독서가 자신의 경험으로 연결되지 않았기 때문입니다.

제 경험에 의하면, 경험으로 연결된 독서는 성공 경험이든 실패 경험이든 저 자신의 것으로 남았습니다. 이것이 바로 일반 독서와 생존독서의 가장 큰 차이입니다. 생존독서는 자신이 마주한 문제를 해결하기 위한 실천적이고 현실적인 독서 방법으로 누구나 생존독서를 하면서 문제를 해결해 나가는 과정을 경험하게 됩니다.

일관되게 문제 해결에 초점이 맞춰져 있는 생존독서는 '문제 정의', '주제독서', '원페이지 독서맵핑' 이렇게 3단계로 구성되어 있습니다. 이러한 생존독서 3단계를 간략히 설명하면 다음과 같습니다.

1단계는 문제 정의로 지금 내가 직면하고 있거나 해결하고 싶은 문제를 정확히 정의하는 것입니다. 이 때 중요한 것은 문제를 회피하지 않고 이를 적극 해결하려는 책임감 있는 태도입니다. 자신의 문제는 남이 아닌 자신이 스스로 찾고 정의해야 하기 때문입니다. 이렇게 정의한 문제는 앞으로 읽어야 할 책의 주제가 되기 때문에 이 첫 단계는 무척 중요합니다.

2단계는 주제독서로 1단계에서 정의한 문제의 해결책을 찾을 수 있는 책을 읽는 것입니다. 주제독서는 5권 단위로 주제를 확장하여 20권 정도를 읽습니다.

3단계 원페이지 독서맵핑은 읽은 책을 원페이지로 시각화하는 것입니다. 무작정 밑줄 긋고 메모하면서 책을 읽는 것이 아니라 책의 핵심을 원페이지로 정리하면서 문제에 대한 해결책을 도출합니다.

이렇게 생존독서의 3단계 과정을 통해 자신의 절실한 문제를 해결한 경험이 생기면, 확신을 갖게 되어 그다음 해결하고 싶은 문제로 자신 있게 나아갈 수 있습니다.

생존독서는 다독가나 독서 고수가 되는 것이 아니라 문제 해결과 삶의 변화를 지향합니다. 따라서 평상시 독서를 하지 않던 사람도 누구나 생존독서를 할 수 있습니다. 문해력이 조금 부족하다고 느껴도 괜찮습니다. 문제를 더는 회피하지 않고 해결할 마음만 있다면 생존독서 3단계 과정을 따라 책을 읽으면 됩니다. 문제를 명확히 하고 책을 읽으면 자신도 모르게 '내 문제가 해결되었네?'라는 놀라운 경험을 하게 될 것입니다.

생존독서는 '나는 할 수 없어!', '내가 노력해 봤자 달라질 게 뭐 있겠어?'라고 하면서 의욕을 잃고 자기를 의심하는 사람에게 삶에 대한 의욕과 자신감을 주는 독서 시스템입니다. 그래서 마음 한편에 간직하고 있었지만 차마 꿈으로 펼쳐 보지 못했던 인생의 2막을 시작할 수 있는 용기를 주는 방법이 될 것입니다.

독서를 습관으로 만드는 일은 쉽지 않습니다. 마치 등산을 하는 과정과 같습니다. 등산 과정은 힘들지만, 정상에서 느끼는 감동과 희열은 힘든 과정을 잊게 해줄 만큼 큰 기쁨을 가져다줍니다. 생존독서도 그렇습니다. 나에게 필요한 답을 찾아가는 독서 여정은 고통스러울 수 있습니다. 그러나 책에서 찾은 답으로 작은 성공을 경험하는 순간 독서의 고통은 잊혀질 것입니다.

독서할 때
단기 목표가 중요한 이유

"책을 읽어도 달라지는 것은 하나도 없어!"

목표를 정하지 않고 무작정 독서를 하다 보면 이런 생각이 들곤 합니다. 따라서 독서로 변화를 경험하려면 반드시 목표를 정하고 책을 읽어야 합니다. 그리고 처음 시작할 때는 목표는 되도록 단기로 잡는 것이 좋습니다.

생존독서는 문제를 정의한 후 단기적인 목표와 방향성을 정하고 책을 읽는 독서법입니다. 현재 내가 설정할 수 있는 목표를 정하고 목표를 이뤄줄 책을 읽는 것입니다.

생존독서에서 단기 목표를 중요하게 생각하는 이유

는 단기 목표를 통한 작은 성공 경험이 '책에 대한 태도'를 바꾸는 힘을 갖게 하기 때문입니다. 책을 읽고 단기간에 변화를 체감하면 독서에 대한 부정적인 생각, 즉 '책을 읽는다고 과연 변화를 할 수 있을까?' 하는 의심을 조금씩 걷어낼 수 있습니다. 나아가 문제 해결에 대한 자신감이 생기며 독서를 통한 변화를 지속하게 하는 원동력이 됩니다. 과거에 독서로 성공한 경험이 없을수록 더 집요하게 단기 목표를 잡고 실천하면서 작은 성공의 경험

독서 주제	기간	단기 목표
심리학 10권	6개월	셀프 치유 독서 모임
독서법 20권	3개월	독서법 강의
글쓰기 10권	3개월	브런치 작가 도전, 콘텐츠 글쓰기
보고서 작성 10권	1개월	한 권 완독할 때마다 보고서에 바로 적용하기

생존독서 단기 목표 예시

을 만들어야 합니다. 나를 바꾸는 것은 과거가 아니라 현재의 성공 경험이기 때문입니다.

단기 목표는 기간과 목표가 구체적이어야 합니다. 예를 들어 웨이트 트레이닝을 시작할 때 '1년 동안 꾸준히 하기'라는 목표보다는 '3개월 집중 훈련을 통해서 옷태가 달라지는 느낌이 들도록 운동하기'로 목표를 잡는 것이 실행 가능성이 큽니다. 만약 책 출간이 목표라면, 1년 후 책을 출간하겠다는 목표보다는 3개월 안에 초고 집필이라는 구체적 목표를 정하는 것이 훨씬 실행할 가능성이 큽니다. 3개월 안에 초고를 집필하기 위해 책 쓰기, 글쓰기, 기획과 연관된 책을 읽으면서 매일 1시간 이상 글쓰기를 실행해야 합니다. 그렇게 하면 초고가 조금씩 완성되는 경험을 하게 됩니다.

단기 목표는 독서의 효용성을 경험하게 함으로써 장기 독서 습관을 형성하는 데 강력한 동력이 됩니다. 따라서 변화를 이루고 싶다면 반드시 단기 목표를 정하기 바랍니다. 변화를 시작할 때는 누구나 '과연 내가 잘 할 수 있을까?', '꾸준히 한다고 뭐가 달라질까?'라는 의심이 듭니다. 이런 의심을 확신으로 바꾸려면 적어도 3개월 안에는 내가 경험할 수 있는 목표와 해결하고 싶은 문제를 하나 정하고, 책을 통해서 문제를 해결하고, 목표를 이루는 경험을 해야 합니다.

문제를 해결하고 목표를 달성한 경험만이 자신에 대한 의심을 확신으로 바꿔 줄 수 있습니다. 무작정 10권, 20권 이렇게 권수를 채우는 것이 아니라 단기 목표를 이루기 위해 어떤 책을 읽을지를 먼저 계획해 보세요. 선 목표, 후 독서가 중요합니다.

2장

생존독서 1단계, 문제 정의
– 내 문제를 책과 연결하기

1

왜 자신의 문제를
스스로 정의하는 것이 중요할까

'지금 당신이 해결하고 싶은 문제는 무엇인가요?'

생존독서는 자신의 문제를 스스로 정의하고 그 문제에 대한 해결책을 독서를 통해 찾아 나가는 과정입니다. 따라서 독서를 시작하기에 앞서 문제를 정확히 정의하지 않는다면, 아무리 큰 노력을 기울여도 겉으로 드러난 증상만 해결하는 데 그치게 됩니다. 특히 문제를 해결하려고 애쓰는 과정에서 흔히 범하는 실수는 겉으로 드러난 문제만 해결하려는 태도입니다. 마치 겉으로 나타난 두통의 증상을 치료하기 위해 단순히 진통제를 먹는 것과 같습니다. 일시적으로 통증은 가라앉

힐 수 있지만, 시간이 지나면 다시 두통은 찾아오게 됩니다. 근본 원인이 스트레스인지, 수면 부족인지, 질병 문제인지를 찾아내는 것이 중요합니다. 예를 들어 아내와의 정서적 갈등이 문제라고 느낀다면 갈등의 근본 원인을 찾아야 합니다. 당장 감정을 풀기 위해 꽃 선물을 한다고 해서 본질적인 문제가 해결되지는 않습니다. 갈등의 본질이 경제적 불안일 수 있고, 소통 부족 문제일 수 있고, 자존감의 결핍에서 비롯된 것일 수 있습니다. 이를 어떻게 정의하느냐에 따라 해결 방법이 달라집니다.

타인의 문제에 대해 말하긴 쉽지만, 자신의 문제를 제대로 정의하기는 쉽지 않습니다. 나아가 자신의 문제의 본질을 정의하는 것은 더욱 어렵습니다. 그렇다 보니 스스로 문제의 본질을 찾기보다는 전문가에게 의존하려는 사람도 있습니다. 상황에 따라서 전문가의 도움이 필요할 수도 있지만, 전문가는 어디까지 조언자일 뿐입니다. 생존독서는 자신의 문제의 본질을 반드시 스스로 찾고 정의하도록 제안합니다.

왜 자신의 문제의 본질을 스스로 찾고 정의해야 할까요? 생존독서의 가장 강력한 동기는 자신의 삶을 스스로 책임지려는 태도에서 비롯되기 때문입니다. 자신의 삶에 대한 책임감이 있어야 자신의 문제를 객관적으로 볼 수 있고, 생존독서를 통해 그 문제의 본질을 발견하고, 새로운 관점으로 그 문제를 해결해 나갈 수 있기 때문입니다. 누구나 처음에는 자신의 문제의 본질을 정의하기가 쉽지 않습니다. 하지만 걱정하지 않아도 됩니다. 스스로 찾고 정의하려는 마음만 있다면, 생존독서를 통해서 자신의 문제를 정의하고 본질을 정확하게 찾아 나갈 수 있습니다. 그리고 이 과정에서 해결책이 보이고 안 될 것이라고 단정 지었던 문제를 해결할 수 있다는 강력한 의지가 생기게 됩니다.

내 인생을 책임지는 것은 결국 내 몫입니다. 만약 나 스스로 당면한 문제의 본질을 찾고 이를 해결하지 않는다면, 누구도 나를 대신해서 그 문제를 해결해 줄 수 없습니다. 극단적으로는 사회가, 직장이, AI가 내 문제를 정의한 대로 살게 될 수도 있습니다.

그렇다면 해결하고 싶은 자신의 문제의 본질을 어떻게 해야 제대로 정의할 수 있을까요?

2

문제 정의와 읽을 책 연결하기(1)
- 로직트리

로직트리는 문제를 단계적으로 분해해서 논리적인 해결책을 도출하는 툴입니다. 로직트리는 비즈니스 전략과 프로젝트를 기획할 때 주로 사용되며 문제를 체계적으로 분석하고 해결하는 데 탁월한 도구입니다. 로직트리는 중심 문제에서 시작해서 세부 문제와 해결책을 분류해 나가면서 복잡한 문제에 대한 정의를 명확하게 시각화할 수 있는 장점이 있습니다.

로직트리를 만드는 방법은 간단합니다. 로직트리는 '주 가지'와 '부 가지'로 구성되어 있습니다. 주 가지에는 해결하고 싶은 핵심 문제를 3개 적고, 부 가지에는 이를 방해하는 저항 요소를 적습니다. 로직트리로 자신의 핵심 문제와 이를 해결

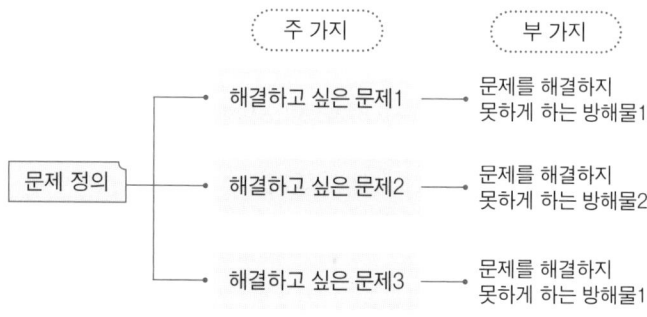

로직 트리 작성 가이드

하지 못하도록 방해하는 저항 요소를 적다 보면 문제에 대한 키워드를 좀 더 쉽게 찾을 수 있습니다.

로직트리에 대한 이해를 돕기 위해 제가 만난 회원들이 로직트리를 활용해 독서를 하고 문제 해결에 성공한 사례를 소개하겠습니다.

사례1. 은퇴를 앞둔 50대 기혼 직장 여성

L 회원은 경제적인 이유로 아파트를 다운그레이드해서 이사하면서, 노후 준비에 대한 두려움이 생겼습니다. 하지만 정

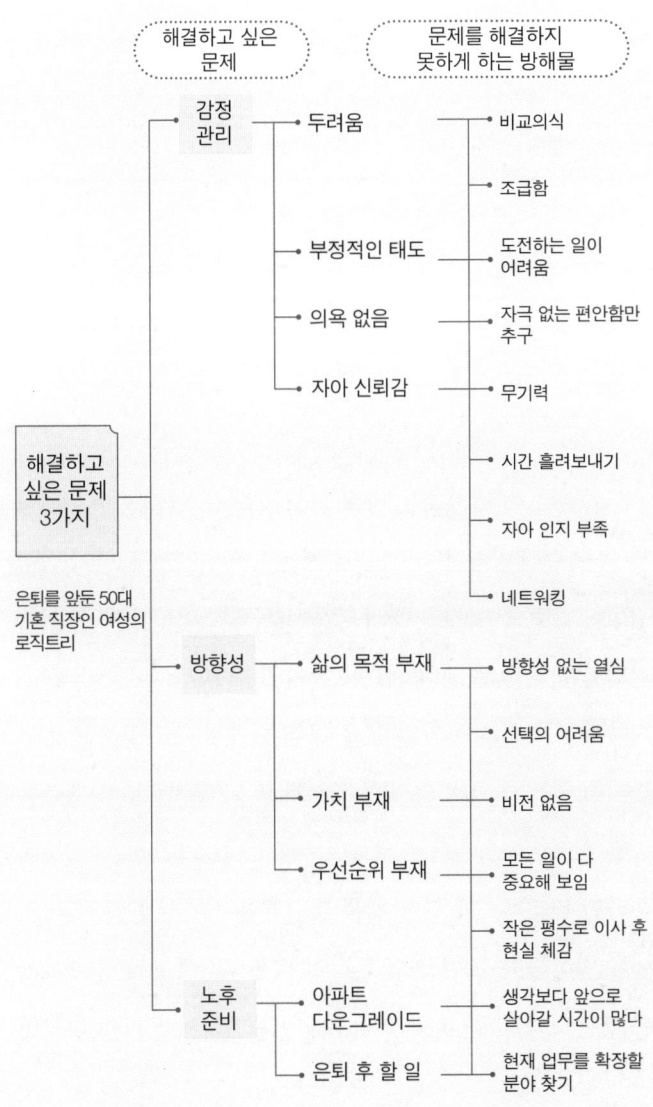

1. 문제 정의(저항)	새로운 도전에 대한 막연한 두려움과 목표 부재
2. 읽어야 할 책의 주제	경제·경영, 마케팅·광고·고객, 마케팅전략
3. 독서를 통해 해결한 문제	온라인 교육 콘텐츠 비즈니스 런칭

L 회원의 로직트리를 활용한 생존독서 사례 요약

작 노후를 준비하기 위해 무엇을 해야 할지 몰랐습니다. 새로운 일에 도전하기는 두렵고 뚜렷한 목표 의식도 없는 상황이었습니다.

L 회원의 저항 요소는 새로운 도전에 대한 막연한 두려움과 목표 부재였습니다. 처음에 저는 L 회원에게 자신이 직접 경험한 주택 문제에 관해 주제독서를 권하려고 했지만, 이는 본업과 거리가 먼 전혀 새로운 분야였습니다.

당시 L 회원은 온라인 교육 콘텐츠 개발자로 일하고 있었습니다. 따라서 회원의 경험을 토대로, 구체적으로 고객층을 규정하고 이들을 대상으로 교육 콘텐츠를 기획할 수 있도록 온라인 비즈니스에 관한 책을 추천했습니다. L 회원은 제 조언을 받아들여 20여 권의 온라인 비즈니스에 관해 주제독서를 했습니다. 그리고 나서 약 6개월쯤 지나서 온라인 한국어

영상 강의 서비스를 시작했다는 연락을 받았습니다.

L 회원은 자신의 전문성에 대한 주제독서를 통해서 온라인 교육 컨텐츠 비즈니스에 자신감을 느끼고 새로운 목표에 도전할 수 있었습니다. 막연한 두려움과 목표 부재라는 저항을 생존독서를 통해 제거한 결과 새로운 목표를 향해 자신감 있게 나아갈 수 있게 된 것입니다.

사례2. 부수입이 필요한 기혼 30대 남성

K 회원은 외벌이로 가정의 생계를 위해 어떻게 해서든지 수입을 늘려야만 하는 처지였습니다. 부수입을 벌기 위해 여러 시도를 했지만, 정작 하루에 한 시간을 투자하기도 어려웠습니다. 그렇다 보니 수면시간을 줄이면서 부업을 하더라도, 어느 정도 수입을 만들기까지는 시간도 오래 걸리고 이 과정에서 지칠 수밖에 없는 상황이었습니다.

K 회원의 문제는 본업에 대한 자신감이 부족하여 다른 직원에 비해 자신이 보잘것없다고 여기는 태도였습니다. 이미 자신이 할 수 있는 최선을 다하고 있음에도 지금보다 일을 더 잘

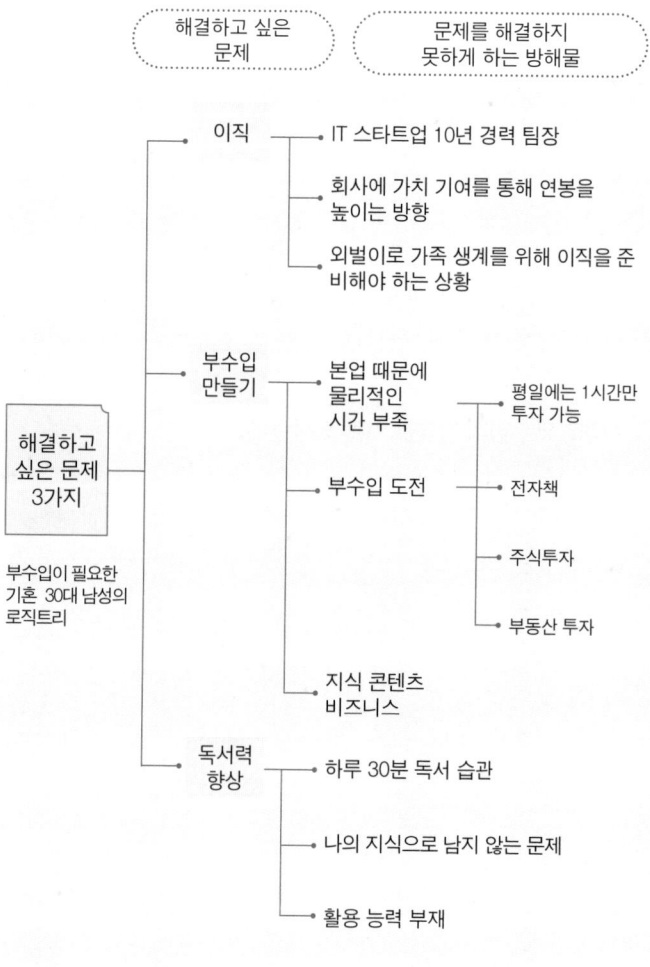

해야 한다는 부담감도 무척 컸습니다. 이러한 상황에서 먼저 본업에 대한 생각과 태도를 바꾸기 위해 결과물의 완성도 보다는 과정이 중요하다는 점을 일깨워 주는 《프로세스 이코노미》(오바라 가즈히로, 인플루엔셜)를 읽도록 추천했습니다.

부업에 관해서는 시간과 노력은 적게 들고 성과는 높일 수 있도록 자신의 전문성을 살리는 것이 좋겠다고 조언했습니다. 즉, IT 스타트업에서 10년 차 팀장의 역할을 하면서 쌓인 전문성을 토대로 '스타트업 이직, 자소서, 업무 컨설턴트'를 주제로 관련 책을 주제독서하고 이를 토대로 플랫폼에 전문가로 등록할 것을 권했습니다. 이제 막 스타트업에 입사한 신입 사원에게 줄 수 있는 지식과 경험이 무척 풍부했기 때문입니다. 제 조언대로 K 회원이 주제독서를 통해서 얻은 지식과

1. 문제 정의(저항)	본업을 통한 가치 제공 경험 부재, 본업에 대한 자기 효능감 결여
2. 읽어야 할 책의 주제	자기계발, 비즈니스 능력계발, 비즈니스 소양
3. 독서를 통해 해결한 문제	본업의 파이프라인 확장

K 회원의 로직트리를 활용한 생존독서 사례 요약.

자신의 전문성을 연결하여 온라인 플랫폼에 등록을 마치자마자 놀랍게도 3명의 고객에게 컨설팅 의뢰가 들어오면서 너무 기뻐서 저에게 이 소식을 전해 주었습니다. 이렇게 K 회원은 생존독서를 통해 '스타트업 현직 K 팀장의 1:1 컨설팅'이라는 타이틀로 부수입을 만드는 데 성공했습니다.

 생존책방의 **독서 인사이트**

1년 목표
도미노 세우고 독서하기

목표와 계획을 잘 세우는 것과 목표를 이루는 것은 다릅니다. 아무리 계획을 잘 세워도 목표를 이루기는 쉽지 않습니다. 이런 점에서 목표를 세우고 이를 이루는 효과적인 방법으로 《원씽》(게리 켈러, 제이 파파산, 비즈니스북스)에 나오는 '도미노 효과'를 주목할 필요가 있습니다. 도미노 효과는 이렇게 설명할 수 있습니다.

모든 일을 잘하려는 멀티 태스킹은 성공하기 어렵습니다. 대신 가장 중요한 단 하나의 목표에 집중합니다. 이 목표를 이루면 마치 도미노가 쓰러지듯이 다른 목표도 자연스럽게 이루어지는 연쇄 반응이 일어납니다. 즉 최우선으로 해결해야 하는 첫 번째 도미노 목표에 집중하면 더 큰 성공으로 연결됩니다. 우리는 도미노 효과를 단기 목표에 적용할 수 있습니다. 단기 목표를 세분하여 순차적으로 나열한 후 최우선 목표 한 가지에 집중합니다.

도미노 효과를 만들 수 있는 첫 번째 최우선 목표를 어떻게 찾을 수 있을까요? 방법은 아주 간단합니다. 1년 후 이루고 싶은 목표 10가지를 나열하며 작성합니다. 이때 10가지 목표는 나의 현재 한계를 생각하지 말고 적습니다. 그다음은 한 가지씩 목표를 지우면서 가장 이루고 싶은 목표 한 가지로 좁힙니다. 이것이 바로 내가 찾은 도미노의 첫 번째 중요한 목표입니다. 이제 이 목표를 이루기

오늘	1주일	1개월	3개월	6개월
하루에 한 권 읽고 블로그에 서평 쓰기	7권을 읽고 주 1회 콘텐츠 업로드	30권 읽고 변화 후기 기록	반응 있는 콘텐츠 분석 후 전자책 기획	전자책 출간 및 원고 투고

저자가 세운 도미도 목표의 사례.

위한 구체적인 타임라인으로 나누고 여기에 맞춰 목표를 세분합니다. 그런 다음, 이 계획에 맞추어 목표와 관련된 주제독서를 하면서 첫 번째 도미노가 넘어질 때까지 실천합니다.

예를 들어 저는 1년 안에 출간 작가가 되는 것을 목표로 정하고, 도미노의 역순으로 이 목표를 5가지 항목으로 나누었습니다. '6개월, 3개월, 1개월, 1주일, 오늘'로

기간	목표	구체적인 행동	독서 주제
1년 내 목표	책 출간하기	원고 집필 콘텐츠 브랜딩	글쓰기
6개월 내 목표	출간계약	출간 기획서 작성 출판사 리스트 조사, 원고투고	기획, 브랜딩
3개월 내 목표	전자책 출간	마케팅, 콘텐츠 홍보 플랫폼에 기고하기	마케팅
1개월 내 목표	전자책 기획	시장조사 전자책 집필	책 쓰기
오늘 목표	글쓰기 1시간	블로그 포스팅	글쓰기

예시1. 1년 안에 책 출간하기.

목표를 세분했습니다. 그러고 나서 제 나름대로 의미있는 콘텐츠를 만들어 포스팅하기 시작했습니다. 하지만 일주일 후 7권의 공통점을 살펴보며 본질적인 내용을 담은 더 질 높은 콘텐츠를 만들어 업로드할 수 있게 되었습

기간	목표	구체적인 행동	독서 주제
1년 내 목표	1천만 원 저축	- 월별 저축 목표 설정 및 실행 - 3천만 원 저축 플랜 수립	부동산 투자, 자산 관리
6개월 내 목표	600만 원 저축	- 기존 포트폴리오 검토 및 재조정 - 추가 투자 옵션 검토 및 실행	투자 가이드, 자산 관리
3개월 내 목표	300만 원 저축	- 투자 상품별 리스크 분석 및 분배 - 분산 투자 시작(주식, 펀드, ETF)	금융경제, 주식투자
1개월 내 목표	월 예산 기획 및 지출 관리	- 가계부 작성 및 불필요한 지출 항목 제거 - 저축 자동이체 설정 - 주식 계좌 개설 및 조사	재테크, 주식투자
오늘 목표	한 달 예산 계획 세우기	- 예산 목표 금액 설정 - 적금 만들기 - 하루 커피값 절약 후 그 금액을 저축 계좌에 바로 이체하기	재테크, 가계부 작성

예시2. 1년 안에 천만 원 저축하고 투자 포트폴리오 수립하기.

니다. 한 달이 지나면 30권을 읽게 되고, 이 과정에서 생긴 제 변화 경험을 통해서 실제적인 또 다른 콘텐츠를 만들 수 있었습니다. 그리고 이런 질 높은 콘텐츠가 10개 이상 넘어가면서 사람들이 반응하는 새로운 유형의 콘텐츠가 생겨나기 시작했습니다. 그 후, 사람들이 관심을 가장 많이 가졌던 콘텐츠 주제를 선정하여 《원페이지 독서 맵핑》 전자책을 출간했고, 이 전자책이 씨앗이 되어 첫 책을 출간하는 꿈을 이루게 되었습니다.

1년 단기 목표는 너무 짧은 시간이라고 생각할 수도 있습니다. 《10배의 법칙》(그랜트 카돈, 부키) 저자는 원하는 목표보다 10배 더 큰 목표를 설정하기가 오히려 쉽다고 말합니다. '출간 작가가 되려면 5년은 노력해야지 내가 1년 만으로 되겠어?'라고 생각하여 '5년 안에 책 출간하기'처럼 평범하게 목표를 세우면, 목표를 이루는 것이 더 어려워진다는 얘기입니다. 목표가 장기화할수록 의심이 들어 행동을 지속하기 어려운 것이죠. 언제나 새로운 목표를 이루려면 새로운 생각과 행동이 필요합니다. 한 번도 생각해 본 적이 없거나 안 해 본 행동을 실천하려면 막막함을 걷어줄 새로운 사고가 필요합니다. 중요한 것은 1년 후 목표보다 오늘 도미노를 쓰러뜨리는 행동을 하는 것입니다.

3

문제 정의와 읽을 책 연결하기(2)
- 만다라트

  해결해야 할 문제를 정의하는 데 도움이 되는 또 다른 프레임워크로 만다라트 기법이 있습니다. 만다라트 역시 나의 고민을 적는 것에서 출발해서 다음 장으로 이어지는 2단계 주제독서와 연결이 됩니다. 만다라트 기법은 일본의 오타니 야구 선수가 자신의 기량을 발전시키기 위해 사용한 방법입니다. 이 선수가 만다라트 기법으로 자신의 문제점을 해결하고 스타가 되면서 이 기법이 사람들에게 널리 알려지게 되었습니다.

  만다라트를 작성할 때는 먼저 9가지 큰 주제 목표를 세우고 각 목표를 해결하는 방법, 아이디어, 생각을 확산하며 적습니다. 만다라트는 각 주제가 3×3 격자 형식으로 구성되어 있으며, 중심에 주제를 놓고 주변의 8칸에 관련된 아이디어를 적게 되어있습니다. 만다라트는 중심주제를 중심으로 관련된 체계적인 사고력을 이끌어 주는 문제 정리 도구입니다. 만다라트의 빈칸을 채우다 보면 목표를 이루기 위해 어떤 행동이 필요한지를 더욱 쉽게 정리할 수 있을 뿐 아니라 이를

만다라트 기본형.

한눈에 일목요연하게 확인할 수 있습니다.

만다라트를 처음 작성할 때 처음부터 모든 칸을 다 채우려는 부담은 갖지 않아도 됩니다. 생각을 인식하고 정리하는 과정, 그 시간 자체를 보내는 것이 중요합니다. 자신의 가장 큰 고민부터 적어 보면 좋습니다. 종이에 그려도 좋고, 엑셀로 정리해도 좋습니다. 가장 편하고 자연스러운 방식으로 하면 됩니다.

생존책방의 만다라트 작성 방법

이 책에서 소개하는 만다라트는 기존 만다라트와 다르게 중심주제와 각 항목이 정해져 있습니다. 주어진 항목을 채우게 되면 읽어야 할 책의 주제에 대한 힌트를 더 정확하게 얻을 수 있도록 고안된 양식입니다. 문제를 직시하는 태도로 작성해 보기 바랍니다. 모두 채울 필요는 없지만, 9가지 항목을 고민해 보는 시간은 필요합니다. 그럼 지금부터는 다음 페이지에 있는 '생존책방이 제안하는 만다라트 기본형'을 작성하는 방법에 관해 구체적으로 알아보겠습니다.

나의 관심사

만다라트 작성은 열마다 의미가 담겨있습니다. 처음 3열은 (가장 왼쪽 1열) '나의 관심사' 영역입니다. 내가 그동안 돈, 시간과 에너지를 사용한 곳을 살펴보면서 나의 관심사를 파악할 수 있습니다. 특별히 과거의 성공 경험은 나의 강점이 발현된 사건이고 나의 시간과 에너지를 전력으로 쏟았던 분야입니다.

포기할 수 없는 가치관

가운데 2열은 내가 돈이 충분해도 하고 싶은 일, 5년 후에는 꼭 이루고 싶은 일로 내가 포기할 수 없는 가치관에 관한 내용을 적게 됩니다. 1열 나의 관심사 영역과 2열 나의 가치관 영역은 내가 읽어야 할 책의 주제가 되지만, 문제 해결 독서에 있어서 가장 우선순위로 삼아야 할 영역은 마지막 3열입니다.

현재 읽어야 할 책의 주제

3열은 우리가 현재 읽어야 할 책의 주제에 대한 우선순위를 선정합니다. 첫 3열의 항목 중에 현재 읽어야 할 우선순위

	요즘 돈 쓰는 곳			경제적자유를 얻어도 하고 싶은 일			목표를 이루지 못하는 이유	
			요즘 돈 쓰는 곳	경제적자유를 얻어도 하고 싶은 일	목표를 이루지 못하는 이유			
	과거 크고 작은 성공 경험		과거 크고 작은 성공 경험	문제 정의	지금 해결하고 싶은 문제		지금 해결하고 싶은 문제	
			요즘 시간을 보내는 활동	5년 후 이상적인 삶, 목표	현재까지 경험한 일, 직업			
	요즘 시간을 보내는 활동			5년 후 이상적인 삶, 목표			현재까지 경험한 일, 직업	
나의 관심사			포기할 수 없는 가치관			현재 읽어야 할 책의 주제		

생존책방이 제안하는 만다라트 기본형.

현재 읽어야 할 책의 주제 항목	주제의 우선순위를 정하는 기준
현재까지 경험한 일, 직업	단기간 내에 삶의 질을 높이고 싶을 때
지금 해결하고 싶은 문제	계획한 일을 행동으로 옮기는 일이 수월할 때
목표를 이루지 못하는 이유(저항)	계획한 일을 행동으로 옮기는 일이 어려울 때

책의 주제 항목과 우선 순위를 정하는 기준.

를 정하는 기준이 있습니다.

첫째는 현재까지 경험한 일과 직업 항목입니다. 단기간에 삶의 질을 높이고 싶을 때는 현재 내 일(과거 혹은 현재 하는 일)의 전문성을 높여 줄 분야의 책을 먼저 읽어보기 바랍니다. 경험과 경력이 자신의 가장 훌륭한 재산이라는 것을 잊지 않는 것이 중요합니다. 굳이 새로운 분야를 다시 시작할 필요는 없습니다. 자신의 경험과 관련된 일을 더 잘하고 더 확장하기 위해 노력하는 것이 단기간에 성공을 경험하는 가장 빠른 길입니다. 최단기간에 성공 경험을 줄 수 있는 항목이기 때문에 자기 효능감을 얻어 다음 목표로 나아갈 수 있게 할 확률이 높습니다. 무엇보다 경제적으로 수입을 늘리는 것과 가장 연결성이 높은 항목입니다.

둘째는 지금 해결하고 싶은 문제 항목입니다. 만약 계획한 일을 행동으로 옮길 수 있는 상황이라면 이 항목부터 주제독서 하면 됩니다. 책을 읽고 답을 찾아 문제 해결까지 한다는 것은 내면의 힘이 필요하기 때문입니다. 이 항목은 문제 해결까지 시간이 가장 오래 걸릴 수도 있습니다. 머리로는 알지만, 막상 도전할 엄두는 잘 안 나는 대한민국 국민의 3대 고민을 적는 곳이기도 합니다. 다이어트, 영어, 독서와 같은 항목을 적는 것이죠. 내 문제와 정면승부를 해 보고 싶은 마음이 차오른다면 바로 시작해 보시기 바랍니다.

셋째는 목표를 이루지 못하는 이유 항목입니다. 이 항목을 주제독서 해야 하는 상황은 계획한 일을 행동으로 옮기는 것이 어려울 때입니다. 즉, 자신이 무기력하다고 여기거나 게으르다고 말하는 사람에게 해당한다고 할 수 있습니다. 무기력하고 싶은 사람은 없습니다. 실행으로 옮겼을 때 실패할까 봐 두려워서 미루는 경우가 많습니다. 해당 항목은 심리적 저항이 주요 원인이 되는 때가 많습니다. 혹은 자신이 해야 하지

대출 상환	자기 계발비	식비, 간식비	강의	책방 세우기	책 쓰기	새로운 도전 미루기	집과 사무실 분리 문제	지나친 업무량
저축, 투자	요즘 돈 쓰는 곳	도서비	게스트 하우스 운영	경제적자유를 얻어도 하고 싶은 일	콘텐츠 기록	지나치게 이상적인 목표	목표를 이루지 못하는 이유	체력 부족
자녀교육비	헌금	데스크 테리어	지속 성장 코칭 프로그램 만들기	해외에서 1년 거주	가족과 해외여행	멘토 부재	조급함	사업 계획 구체화
결혼	1천만 원 이상의 수익	전업 독서가	요즘 돈 쓰는 곳	경제적자유를 얻어도 하고 싶은 일	목표를 이루지 못하는 이유	운동 부족	일하는 공간 분리	사업 시스템 만들기
세 아이 아빠	과거 크고 작은 성공 경험	인스타그램 브랜딩	과거 크고 작은 성공 경험	문제 정의	지금 해결하고 싶은 문제	오프라인 사업 확장	지금 해결하고 싶은 문제	후천적인 예민함
오프라인 강의	1년 150권 독서	지식 콘텐츠 비즈니스	요즘 시간을 보내는 활동	5년 후 이상적인 삶, 목표	현재까지 경험한 일, 직업	유튜브 채널 구독자 수	매년 책 쓰는 작가	자녀 독서교육
일하는 시간 8시간	운동 1시간	독서 1시간	베스트셀러 작가	생존책방 오프라인 OPEN	메신저	크리에이터	IT 회사 오라클 DB 엔지니어	독서 논술 강사
자기 계발 1시간	요즘 시간을 보내는 활동	콘텐츠 제작 2시간	1년에 한 번씩 해외여행	5년 후 이상적인 삶, 목표	읽고, 쓰고 가르치는 삶	메신저	현재까지 경험한 일, 직업	콘텐츠 마케터
배우자와 대화 1시간	자녀 등하원 1시간	자녀와 함께 1시간	하루 4시간 업무	마당 있는 2층 주택	해외에서도 업무 가능	작가	독서 코치	강사
나의 관심사			포기할 수 없는 가치관			현재 읽어야 할 책의 주제		

생존책방이 직접 작성한 만다르트.

만 낯설거나 막막해서 하기 싫어하는 분야일 수 있습니다. 당장 눈앞의 목표조차 행동으로 옮기지 못 하게 하는 '저항'이 있다면, 여기에 우선순위를 두고 주제독서 해서 이를 극복해보기 바랍니다.

사례 1. 개인 사업을 시작한 40대(여성, 기혼)

H 회원님은 18년 넘게 스마트폰 굿즈 디자인을 개발했습니다. 스마트폰 굿즈를 선물하는 것을 좋아했는데, 기성 제품이 마음에 들지 않아서 이를 직접 만들기 위해 커스텀 굿즈 1인 사업을 시작했습니다. 하지만 타깃이 분명하지 않아 어떻게 접근해서 제품을 팔아야 할지, 어떻게 강점을 전달해야 할지 막막한 상황이었습니다. 이미 계획한 일을 사업까지 행동으로 옮길 정도로 실행력이 있기에, 현재 해결하고 싶은 문제를 읽을 책과 연결했습니다.

문제는 굿즈 판매였습니다. 판매에 있어 첫 번째 장벽인 '브랜딩'이 가장 먼저 해결해야 할 문제였습니다. 그래서 브랜딩 전략에 관한 주제독서를 통해서 SNS 채널에서 어떻게

원부자재 구매	구독료 (포토샵 등)	사업장 공유오피스	가족들과 해외여행	제주 한달 살기	아이 이름으로 집사주기	계획하다 지침	의기소침	중요한 일 어려운 일 미루기
브랜딩 도서	요즘 돈쓰는곳	체험단 마케팅 등록		경제적자유를 얻어도 하고싶은 일	사회적기업		목표를 이루지 못하는 이유	우선순위 선정의 어려움
성당 교무금	식비, 간식	후원금		인프라가 있는 주택	악기 배워서 연주모임	원씽 집중못함	사업 계획 미비	할 일의 압박, 불안
결혼	아이 엄마	첫 회사 15년 근속	요즘 돈쓰는곳	경제적자유를 얻어도 하고싶은 일	목표를 이루지 못하는 이유	체력부족 운동 시작	독서 굿즈 브랜딩	개인 굿즈 매출 증대
굿즈 사업	과거 크고작은 성공 경험	공대 여자	과거 크고작은 성공 경험	문제 정의	지금 해결하고 싶은 문제	릴스 컨텐츠	지금 해결하고 싶은 문제	핵심 파악, 글쓰기 능력
2층 주택		제품 디자인 개발	요즘 시간을 보내는 활동	5년 후 이상적인 삶, 목표	현재까지 경험한 일, 직업	온라인 독서 모임 구축	시간 관리	자기계발서 실행
7시간 근무 (10 to 5)	하루 독서 30분	모닝 루틴 30분	월 매출 1,000만 원	건강하고 단단한 삶		디스플레이 부품 제조업체	모바일 디자인 업체	1인기업
가족 타임 4시간 이상	요즘 시간을 보내는 활동	데일리 리포트 작성중	남편에게 차 사주기	5년 후 이상적인 삶,목표	1인 사장, 블로그, 책	삼성 노트 템플릿 제작	현재까지 경험한 일, 직업	
	숏품 1시간	유튜브 5시간 (일할 때)	디지털 노마드로 일하기	나만의 사무실	찐팬 커뮤니티 구성	연구기획 국책과제 진행	화장품 디자인 개발	

나의 관심사	포기할 수 없는 가치관	현재 읽어야 할 책의 주제

만다르트 사례1. 개인 사업을 시작한 40대 (여성, 기혼)

자신의 브랜드를 표현해야 할지를 깨닫고, SNS 채널에 어떤 마음으로 굿즈를 제작하고 있는지 과정을 공유하기 시작했습니다. 그뿐만 아니라 '한 사람을 위한 맞춤형 굿즈 제작'이라는 수식어를 활용해 스마트폰 굿즈를 개발하는 자신만의 이유를 좀 더 강조해서 표현할 수 있게 됐습니다.

사례 2. 나만의 전문성을 키우고 싶은 30대(여성, 미혼)

퇴사를 하루에 몇 번이나 고민하는 30대 여성 보험 설계 매니저로 일하는 P 회원 사례입니다. P 회원은 퇴사하고 새로운 일을 시작하면 만족할 것으로 기대하면서 현재 하는 일에 대한 업무능력 개발을 소홀히 하고 있었습니다.

그래서 이분에게 만약 다음과 같은 상황이 일어나도 퇴사를 할 계획인지 질문했습니다. "현재 보험 설계 매니저 역할에 한계를 느끼고 있는데, 만약 세일즈 능력을 향상해 전문성을 인정받는다면 그래도 퇴사하실 건가요?"

P 회원은 만일 그렇게 된다면 퇴사보다는 하던 일을 계속하고 싶다고 답했습니다. 그러고 나서 '세일즈 능력'이라는

저항 요소를 극복하는 데 도움이 되는 세일즈 분야의 책을 주제독서 하기 시작했습니다.

이처럼 문제를 쭉 나열해 보고 내가 어떤 문제를 해결했을 때 만족감이 더 높아질지를 예상하고 목표를 설정할 수 있습니다. P 회원은 막연한 새로운 일이 아니라, 자기 일을 새로운 관점에서 바라보고 애정을 갖고 몰입하게 되자, 삶의 질이 높아지는 경험을 하게 됐습니다.

보험료	주유비	식비	북카페	봉사활동	강사	집중력 부족	조급함	선택장애
데이트비	요즘 돈 쓰는 곳	도서비	해외여행	경제적자유를 얻어도 하고 싶은 일	작가	너무 많은 목표	목표를 이루지 못하는 이유	궁극적인 목표 부재
다이어트 식품	미용, 피부관리	쇼핑				우선순위 없음	미루는 습관	부정적인 생각
대학 합격	다이어트 성공	대기업 취업	요즘 돈 쓰는 곳	경제적자유를 얻어도 하고 싶은 일	목표를 이루지 못하는 이유	세일즈	글쓰기	업무능력 개발
	과거 크고 작은 성공 경험	승진	과거 크고 작은 성공 경험	문제 정의	지금 해결하고 싶은 문제	인간관계	지금 해결하고 싶은 문제	퍼스널 브랜딩
			요즘 시간을 보내는 활동	5년 후 이상적인 삶, 목표	현재까지 경험한 일, 직업	영어 공부	마음 챙김	시간 관리
일 9시간	운동 1시간	독서 20분	퇴사	멋진 엄마 되기				
	요즘 시간을 보내는 활동	스마트폰 3시간	디지털 노마드	5년 후 이상적인 삶 목표		보험 설계 매니저	현재까지 경험한 일, 직업	
						상품 교육	사무직	

| 나의 관심사 ||| 포기할 수 없는 가치관 ||| 현재 읽어야 할 책의 주제 |||

만다르트 사례2. 나만의 전문성을 키우고 싶은 30대 (여성, 미혼)

목표의 우선순위는
좋아하는 일보다 해야 할 일

 자신이 무엇을 원하는지 잘 모를 때는 목표를 정하기가 어렵습니다. 우리는 흔히 '좋아하는 일을 하라'거나 '나다운 일을 하라'라는 말을 자주 듣곤 합니다. 다시 말해 이 말은 자신이 좋아하는 일이나 자신에게 의미 있는 일을 목표의 기준으로 삼으라는 말입니다. 하지만 이 말은 '좋아하는 일'이나 '나다운 일'이 타인에게 가치가 있을 때 의미가 있는 말입니다. 아무리 내가 좋아하는 일이라도 타인에게 가치가 없으면 수익을 만들 수 없습니다. 그렇게 되면 일을 하면서 현실적으로 끊임없이 갈등이 생길 수밖에 없고 지속할 수 있는 동력이 금방 사라져 버립니다. 물론 좋아하는 일과 잘하는 일이 일치하면 좋겠지만, 현실은 그렇지 않을 때가 많습니다. 따라서 '좋아하는 일'이나 '나만의 일'을 기준으로 목표를 선택할 때 지나치게 감정에 치우치지 않도록 조심해야 합니다. 좋아하는 감정은 언제든지 바뀔 수 있다는 사실을 알아야 합니다.

입시에 성공하도록 돕는 부모는 아이에게 모든 결정을 맡기지 않습니다. 아이의 마음을 그대로 따라가기보다는 부모 나름대로 기준을 세우고 아이의 학습을 지원합니다. 아이가 공부하고 싶을 때 하게 한다거나 좋아하는 일만 하게 하면 공부의 본질인 반복하는 태도를 기를 수 없기 때문입니다.

마찬가지로 내가 무엇을 해야 할지 몰라서 방향을 정하는 데 에너지를 쓰면서 이것을 찾을 때까지 기다리는 태도보다는 어떤 일이든지 다양한 선택지를 고를 수 있는 역량을 먼저 키우는 것도 중요합니다. 당장 무엇을 원하는지 모르겠다면 '좋아하는 일'을 좇기보다 '해야 할 일'을 먼저 하는 편이 낫다는 얘기입니다. 해야 하는 일은 장기적인 성과를 위해 해야 하는 기본적이고 반복적인 일입니다. 예를 들어 직장에서는 맡은 프로젝트를 매일 충실히 수행하고, 개인적으로는 매일 1시간씩 책을 읽는 것과 같은 행동입니다.

잘하는 일은 해야 할 일을 반복해 낸 사람이 얻을 수 있는 것입니다. 좋아하는 일로 돈을 많이 번다는 말은 이미 그들도 해야 할 일을 충분히 해냈기 때문에 하는 이야기입니다. 무책임한 말에 속지 마세요. 느낌을 쫓아가는 태도는 자신에게 해롭습니다. 내 느낌은 신뢰할만한 대상이 아니라 관리할 대상입니다. 자신이 중시하는 가치가 기준이 되어야 합니다.

좋아하는 일에 대한 환상을 깨야 만족감이 높아집니다. 좋아하는 일을 하면서 돈을 버는 사람은 대부분 해야 하는 일을 꾸준히 해낸 사람입니다. 셰프가 꿈인 사람이 화려한 요리만 좋아한다고 해서 성공할 수 있는 것은 아닙니다. 화려한 플레이팅 뒤에는 끊임없는 설거지, 재료 손질, 레시피 연구 같은 '해야 할 일'을 반복하며 쌓아온 실력이 있습니다. 자기 일이 좋다고 말하는 때도 있지만, 매 순간 좋다는 뜻이 아니라는 사실을 알아야 합니다. 자기 일이 좋다고 말하는 경우는 매 순간이 즐겁다는 뜻은 아닙니다. 자신이 잘할 수 있는 일이라 좋을 수 있고, 타인을 도울 수 있어 좋을 수 있고, 일을 좋아하기로 해서 좋을 수도 있습니다. 결국 자기 일이 좋다고 하는 것은 상대적이기 때문에, 이보다 더 중요한 것은 내가 일을 통해 어떤 가치를 제공했을 때 상대방이 나에게 어느 정도 대가를 지불할 수 있는지를 파악하는 것입니다.

처음엔 직장에서 맡은 일을 충실히 해내다 보면 자신이 잘하는 분야가 생기기 마련입니다. 성과를 내고 인정받는 경험이 많아질수록 일이 좋아지기 마련입니다. 좋아하는 일과 잘하는 일이 일치되었을 때 자신감이 생깁니다. 그러면 주변에서 사람을 통해 더 많은 기회가 찾아오게 됩니다. 연봉 협상이나 가치를 높일 수 있는 제안을 받게 되면서 할 수 있는 일이 더 많아지는 것입니다.

하고 싶은 일이나 좋아하는 일이 없어도 괜찮습니다. 느낌을 좇을수록 목표는 더 이루기 어려워집니다. 지금 해야 하는 일을 찾아서 단기 목표로 세워 보기 바랍니다. 단기 목표를 잘게 쪼개서 그중에서 가장 중요한 한 가지, 곧 최우선 목표 도미노를 찾아서 집중해 보기 바랍니다. 조만간 그 도미노가 쓰러지면서 연쇄 반응을 일으켜서 새로운 기회를 경험하게 될 것입니다.

3장

생존독서 2단계, 주제독서
- 20권 이상의 책으로 문제 파고들기

1

주제독서의 첫 번째 목표
- 20권 이상 책 읽기

주제독서의 첫 번째 목표는 현재의 문제를 뛰어넘을 때까지 단계적으로 20권 이상 책 읽기입니다. 독서 PT 회원 중에서 지방 입시 학원 부원장으로 일하는 H 교사(30대 후반, 기혼)가 있었습니다. 목표를 물어보니 자신의 학원을 운영하는 것이라고 했습니다. 이분의 강점은 학생들의 내신 성적을 향상해 주는 능력과 학생들의 자기주도학습 시스템을 만들어 주는 것이었습니다. 하지만 하루 12시간 넘게 학원에서 일하고 새벽에 겨우 집에 들어가기 일쑤였기 때문에 학원 개업을 준비할 엄두가 나지 않는 상황이었습니다.

이분의 목표가 자신만의 컨셉이 있는 학원 브랜드를 준비하는 것이어서 당연히 지금 읽어야 하는 주제의 책들은 영어교육이나 경영, 학원마케팅 등의 분야였습니다. 하지만 자신의 문제를 만다라트로 정리하게 한 다음 대화를 나눠본 결과 가정에 소홀히 하는 날이 많았고, 사업에 대한 두려움이 있어서 구체적인 운영 계획을 세우기가 어려운 상황이었습니다. 따라서 저는 월급 외 수익 경험이 있어야 학원 창업의 용기가 생길 것이라고 조언하면서 일과 가정이 결코 선택의 문제가 아니며, 무엇보다 자신의 가치를 높여가는 것이 중요하다는 내용이 담긴 《레버리지》(롭 무어, 다산북스)를 읽도록 추천했습니다. 그리고 손실 리스크를 최소화해서 사업에 도전할 용기를 갖게 해 줄 수 있는 내용이 담긴 《아이디어 불패의 법칙》(알베르토 사보이아, 인플루엔셜)을 읽도록 권했습니다.

H 교사는 첫 번째 주제독서로 큰 투자를 하지 않더라도 사업을 시작할 수 있다는 사실을 깨닫고 나서, 자신의 목표에 대한 실행력에 가속도가 붙기 시작했습니다. 이렇게 주제독서로 저항을 한 단계 뛰어넘은 다음에는 자신만의 영어교육 철학과 컨셉을 구체화하기 위해 영어교육 분야에 관한 주제독서를 시작했습니다. 그리고 지금은 자신이 팔 상품과 서비

스를 컨텐츠로 만들고, 이 컨텐츠를 이용할 사람을 모을 수 있는 방법을 찾기 위해 온라인 비즈니스에 관한 주제독서를 하고 있습니다.

이처럼 주제독서의 첫 번째 목표는 자신의 문제를 해결하기 위해 단계적으로 20권 이상의 책을 읽고 이를 토대로 자신의 저항을 한 단계씩 뛰어넘는 것입니다.

2

한 주제에 관해
20권 이상 읽어야 하는 이유

저는 문제의 본질을 해결하려면 그 주제에 관해 20권 이상 읽기를 권합니다.

5권일 수도 있고, 30권일 수도 있는데 굳이 20권인 이유가 뭐냐고요? 생존독서의 목적은 문제의 본질을 해결하는 것입니다. 물론 5권 이상 읽어도 문제 해결책을 찾을 수 있습니다. 현재 겪는 문제에 대해 불편함과 궁금증을 어느 정도 해소할 수 있습니다. 그런데 10권 이상을 읽으면 10명의 작가를 통해 나의 상황에 맞는 문제 해결책을 찾을 확률이 훨씬 더 높아집니다. 여기에서 10권을 더 읽어 20권이 되면 나와 비슷한 문제를 겪는 다른 사람에게도 해결책을 공유할 수 있는 관점을 갖게 됩니다. 다시 말해 한 주제에 대한 나만의 관점이 담긴 콘텐츠를 만들 수 있게 됩니다. 이렇게 되면 문제 해결 방법에 대해 스스로 확신이 생기고 이를 실행에 옮길 수 있게 됩니다. 따라서 학술적인 논문을 쓰는 것이 아니라 문제 해결을 위한 독서라면 문제와 관련하여 적어도 20권의 책을 읽을 것을 권장합니다.

저는 독서로 삶을 바꾸고 싶어 독서를 어떻게 해야 하는지 정리하고 싶었습니다. 독서법에 관한 책을 20권 읽으면서 '책을 읽을 때 자신만의 독서 목적이 중요하다'라는 공통점을 발견했습니다. 적어도 20권을 읽으면서 서로 비교해서 발견한 공통적인 내용이라 이 점에 대해서 확신할 수 있었습니다.

그렇다면 주제독서로 20권 이상 읽고 나면 어떤 변화가 생길까요?

첫째, 당면한 문제와 관련하여 20권 이상 책을 읽으면 문제 해결 능력이 향상됩니다. 예를 들어 SNS 계정을 성장시키고 싶을 때 브랜딩과 마케팅에 관해 20권 이상 주제독서를 하고 나서 여기에서 얻은 지식과 이론을 SNS 운영에 적용하면 자기 생각과 지식, 경험을 좀 더 효과적으로 전달할 수 있습니다. 그렇게 하면 채널이 성장하면서 수입이 증가하고 삶의 질이 바뀝니다. 이런 경험을 하게 되면 옆 사람이 아무리 말려도 꾸준히 책을 읽는 사람이 될 수 있습니다.

둘째, 한 가지 주제에 관해 20권 이상 책을 읽으면 해당 주제에 대해 표현만 다를 뿐 원칙은 서로 같다는 사실을 발견하게 됩니다. 그리고 배경지식도 쌓이면서 자연스럽게 속독 능력이 향상됩니다. 속독은 중요한 것을 구별하면서 읽는 능력입니다. 눈으로 빨리 읽는 것이 아니라 중요한 핵심을 천천히 읽을 줄 알고 중요하지 않은 내용을 빨리 읽는 능력입니다. 아무리 빨리 읽더라도 핵심을 이해하지 못하고 적용 포인트를 찾지 못하면 빠르게 읽는 의미가 없습니다. 빠르게 나에게 필요한 답을 포착해 내는 능력이 향상되어야 의미 있는 속독이 됩니다.

셋째, 20권 이상 주제독서를 하다 보면 반복되는 내용을 통해 해당 주제에서 중요한 것이 무엇인지 구별하는 능력이 생깁니다. 이를 통해서 자신만의 컨텐츠를 만들 수 있습니다. 저는 잘못된 독서법이 무엇인지, 속독의 원리가 무엇인지, 정리는 어떻게 해야 좋은지에 관해 20권 이상 주제독서를 했습니다. 그리고 그 내용을 비교 분석하고 이를 토대로 나만의 독서 방식을 구축해서 독자적인 독서 콘텐츠를 만들 수 있었습니다.

넷째, 20권 이상 주제독서로 해결하고 싶은 문제에 관해 깊이 있게 독서를 하면 그 문제에 관해 자신감이 생깁니다. 문제를 회피하지 않고 정면으로 대결하여 이를 해결함으로써 일과 삶의 질이 향상됩니다.

이런 변화를 경험하게 되면 책 읽기가 점점 재미있어질 수밖에 없습니다. 독서가 진짜 자기 삶의 질을 높이고 다른 사람의 문제에 도움을 줄 수 있을 만큼 유익하다는 사실을 직접 경험하게 되면서 독서를 지속하는 힘이 생깁니다. 20권 이상 주제독서로 해결한 문제들이 여러 개로 확장되면 문제의 본질적인 원리들이 서로 연결되어 내 문제뿐만 아니라 타인의 문제를 해결하는 데도 도움을 줄 수 있습니다. 한마디로, 자신만의 지식과 통찰력을 가진 지혜로운 전문가로 성장하게 됩니다.

3

주제와 키워드를 확장하며 읽기

주제독서는 스스로 정의한 내 문제에 대한 해결책을 얻을 수 있는 책을 20권 이상 읽는 것을 말합니다. 이때 20권을 한 번에 사서 쌓아 놓고 읽는 것보다는 5권 단위로 점진적으로 주제를 확장하며 읽는 전략이 필요합니다. 예를 들어 상위 카테고리에서 '심리학'을 주제로 정했다면, 그 주제 안에서 나에게 필요한 하위 카테고리로 점점 확장하며 20권을 읽는 방식입니다.

저는 독서를 통해 어려운 지식을 더 많이 아는 것보다 집안 분위기부터 바꾸는 것이 시급해서 첫 문제 키워드로 '예민함'을 주제로 선정하고 책을 읽기 시작했습니다. 예민함이라는 키워드를 첫 주제로 선정한 이유는 아내가 "당신 너무 예민해"라고 자주 말했기 때문입니다. 혹시 내 문제를 잘 모르겠다면 옆 사람에게 자주 듣는 표현 중에 반복되는 키워드가 무엇이 있는지 귀를 기울여 보세요.

이렇게 저는 예민함을 주제로 선정하고 《센서티브》(일자 샌드, 다산초당), 《예민함 내려놓기》(오카다 다카시, 어크로스)와 같은 심리학·교양 심리 분야 책을 읽기 시작했습니다. 이렇게 예민함에 관해 5권 이상 책을 읽어 보았더니 예민함은 표면적인 문제였다는 것을 알게 되었습니다. 나아가 예민함에는 선천적인 예민함과 후천적인 예민함이 있고, 후천적인 예민함은 어린 시절부터 억압된 감정이 원인이라는 것을 알게 되었습니다. 억압된 감정을 해결하지 않으면 몸은 어른이 되었어도 마음은 여전히 어린아이에 머물 수밖에 없다는 설명이 마치 제 마음을 읽는 듯했습니다.

제 감정 치유를 하기 위해 6개월 동안 키워드를 확장하며 20권 넘게 주제독서를 한 결과, 제 예민함은 억압된 감정으로 인한 낮은 자존감이 문제의 본질임을 깨달았습니다. 이를 인정하고 받아들이니 저 자신을 대하는 태도가 변하기 시작했고,

	문제 키워드	독서 리스트
1	예민함	《센서티브》(일자 샌드, 다산초당)
2	선천적, 후천적 예민함	《예민함 내려놓기》(오카다 다카시, 어크로스)
3	수치심	《가짜감정》(김용태, 미류책방)
4	부모님과의 관계	《천재가 될 수밖에 없었던 아이들의 드라마》(앨리스 밀러, 양철북)
5	가족 관계	《가족의 두 얼굴》(최광현, 부키)
6	대물림	《가족》(존 브래드쇼, 학지사)
7	내재 과거아	《몸에 밴 어린 시절》(W 휴 미실다인, 일므디)
8	내면 아이	《내면 아이의 상처 치유하기》(마거릿 폴, 초록)
9	억압된 감정	《상처받은 내면 아이 치유》(존 브래드쇼, 학지사)
10	내면 성장	《아직도 가야 할 길》(M. 스콧 팩, 율리시즈)
11	자아 이미지 교정	《맥스웰 몰츠 성공의 법칙》(맥스웰 몰츠, 비즈니스북스)
12	문제 해결 능력	《몰입》(황농문, 알에이치코리아)

문제 키워드 발전 과정 예시.

가족과의 관계도 편해지면서 집안 분위기도 사뭇 달라졌습니다. 하지만 저에게는 해결해야 할 문제가 한 가지 더 남아있었습니다. 바로 문제 해결 능력이 현저히 부족하다는 점이었습니다. 그래서 내 자신의 예민한 감정의 문제를 셀프 치유하는 것도 중요했지만, 동시에 현실의 경제적 문제를 해결하기 위해 문제 해결 능력을 기르는 데 집중했습니다. 표면적으로는 예민함에서 출발했지만, 제 본질적인 문제는 '문제 해결 능력의 부재'였기 때문입니다.

이렇듯 주제독서는 내가 당면한 문제로 시작하여 나의 본질적인 문제를 발견하고 이를 해결하기 위해 책을 발판 삼아서 한계를 뛰어넘는 과정입니다. 이런 방식으로 주제독서를 해보니 책을 100권 이상 읽지 않아도 삶의 질이 향상되는 경험을 했습니다. 그래서 저는 이 방법을 다른 분야에도 적용해 보기로 했습니다.

독서를 제대로 하고 싶어 독서법 책을 20권 이상 읽고 나서 이를 열심히 SNS에 공유했습니다. 비록 나를 위한 정리 기록이었지만 타인에게도 도움이 되도록 기록하는 데 신경을 썼습니다. 그러자 저만의 독서법 콘텐츠로 강의를 할 기회가 생졌습니다. 이 강의를 계기로 수익을 단계별로 높이는 것을 단기 목표로 잡을 수 있게 되었습니다. 10만 원부터 시작한 목표가 100만 원, 300만 원, 500만 원, 1,000만 원 이상으로 점점 높아졌습니다. 단계 목표별로 필요한 주제를 선정하며 하나씩 문제를 해결해 나가기 시작했습니다. 글쓰기 책 20권을 읽고 글쓰기 능력을, 브랜딩 책 20권을 읽고 나만의 컨셉으로 브랜드 가치를 전달하는 능력을, 마케팅 책 20권을 읽고 가치를 전달하는 비즈니스 구조를, 마인드셋 책 20권으로 지속해서 성장할 수 있는 마인드 관리를 배우고 익혔습니다.

한 주제에 관해 5권 넘게 책을 읽으면 그 주제에 관해 배경지식이 쌓이면서 가속도가 붙습니다. 10권 넘게 읽으면 내 문제에 딱 맞는 해결책이 보입니다. 20권 넘게 읽으면 다른 사람의 문제도 해결할 수 있는 관점이 생깁니다. 보고서 작성이 어렵다면 '보고서 작성, 기획'을 주제로 10권 이상 읽으면 업무능력이 향상될 수밖에 없습니다.

한마디로 주제독서는 나의 상황에 맞는 문제 해결책을 찾는 여정이며, 나에게 꼭 맞는 답을 찾을 수 있다고 기대하고 독서를 하는 과정입니다.

생존책방의 **독서 인사이트**

어떤 책부터
읽어야 할지 모르겠어요!

가끔 "딱 한 권의 책을 추천해 줄 수 있나요?"라는 질문을 받을 때가 있습니다. 이는 올바른 질문이 아닙니다. 이렇게 묻기보다는 자신의 상황과 문제뿐 아니라 목표를 함께 설명하면서 질문하는 것이 좋습니다.

"글쓰기를 잘하고 싶은데 책 좀 추천해 주세요!"라고 말하기보다는 "제 이야기를 다른 사람이 공감할 수 있도록 에세이를 잘 쓰고 싶고, 앞으로 이것을 책으로 출간하고 싶은 목표도 있는데 어떤 책이 좋을까요?"라는 식으로 질문하기 바랍니다. 물론 이 질문은 가장 먼저 자신에게 해야 합니다. 그래야 자신에게 필요한 책을 만날 확률이 높아집니다.

　독서가 낯선 사람에게 책 선택은 쉽지 않습니다. 베스트셀러를 선택하면 적어도 책값은 손해 볼 것 같지 않지만, 완독할 확률이 낮습니다. 다른 사람에게 아무리 좋은 책이라도 지금 나에게 필요한 책은 아닐 수 있기 때문입니다. 지금 내 문제를 해결하는 데 별 도움이 되지 않는다면, 아무리 베스트셀러라고 하더라도 완독은커녕 책을 읽는 과정이 지루해질 수밖에 없다는 점을 명심해야 합니다.

　따라서 나에게 필요한 책을 고르는 능력을 기르는 것이 무엇보다 중요합니다. 하지만 누구나 자기에게 필요한 책을 고르는 과정에서 시행착오를 겪을 수 있습니다. 이러한 시행착오를 낭비라고 생각하지 말고, 힘들더라도 내가 읽을 책을 내가 직접 고르는 훈련을 하기 바랍니다. 물론 책을 선택할 때 실패의 확률을 줄일 방법이 있습니다. 내가 이루고 싶은 결과를 이미 이룬 경험이 있는 멘

토에게 내 상황에 맞는 책을 물어보거나, 주변에 나와 가치관이 비슷한 독서가에게 책을 추천해 달라고 부탁하는 것입니다. 시행착오의 비용을 줄이기 위해 책 사기 전에 도서관에서 책을 빌려 먼저 읽어 보는 것도 좋은 방법입니다.

어쨌든 현재 자신이 고민하는 문제를 해결해 줄 책을 골라야 합니다. 회사에서 연봉을 높이기 위해 엑셀 사용 능력을 키워야 할 때, 가장 시급히 해결해야 할 일은 다른 것이 아니라 엑셀 능력을 키워야 하는 것처럼 말이죠.

그런데 여기에서 한 가지 이전과는 다른 접근이 필요합니다. 목표가 아니라 목표를 방해하는 덫, 곧 저항 요소가 무엇인지를 제대로 인식하는 것도 중요합니다. 머리로는 독서가 좋다는 것은 알지만, 막상 독서에 시간을 내기는 싫고 마음처럼 책을 읽기도 쉽지 않습니다. 좋다는 것을 아는 것과 이를 행동으로 옮기는 것은 전혀 다른 문제입니다. 모든 목표에는 저항이 있기 마련입니다. 따라서 행동을 가로막는 저항을 극복할 방법이 담겨 있는 책을 먼저 읽는 것이 때로는 효과적일 수 있습니다.

4

주제 선정과 책 고르는 방법

우리는 앞서 '2장 문제 정의'에서 로직트리 혹은 만다라트로 문제를 시각화하며 읽을 책을 찾아봤습니다. 첫 주제독서의 기준은 만다라트에서 살펴본 것처럼 크게 3가지입니다.

첫째, 계획한 일을 행동으로 옮기는 일이 어려울 때는 현재의 저항을 주제로 책을 읽습니다. 예를 들어 저는 당장 행동으로 옮기지 못하는 심리적 저항을 극복하기 위해 '예민함'이라는 주제로 독서를 시작했습니다. 책을 읽을수록 키워드는 감정 치유, 가족 관계, 내면 아이, 자아 이미지 등으로 점차 심화하여 갔습니다. 나에게 가장 큰 저항요소였던 '예민함'에서 출발하여 주제독서를 함으로써 내 문제를 새롭게 정의하면서 내 문제의 본질에 다가갈 수 있었습니다.

둘째, 계획한 일을 행동으로 옮기는 일이 비교적 수월한 상태라면 현재 해결하고 싶은 문제부터 접근해 볼 수 있습니다. 하지만 이때 주제 선정이 막연하게 느껴진다면 온라인 서점 홈페이지에 있는 자기계발 카테고리를 참고해 보세요.

자기계발서를 흔히 성공과 동기부여에 대한 카테고리로만 생각하는 사람이 많습니다. 하지만 당장 실생활에 적용할 수 있는 자기계발서 하위 카테고리는 30가지가 넘습니다. 짧은 시간 안에 일과 삶의 질을 높일 수 있는 카테고리가 자기계발서 분야입니다.

자신의 저항을 해결하기 위한 책이 도서 카테고리 중 어디

no	문제 정의	도서 카테고리
1	심리학	교양 심리/심리치료
2	독서법	독서·글쓰기
3	글쓰기	독서·글쓰기
4	브랜딩, 마케팅	광고·홍보·브랜드·마케팅전략
5	마인드 셋	성공·처세

생존책방의 주제 선정 과정.

에 속해 있는지, 자기계발서라면 하위 카테고리에서 어떤 분야가 내 문제와 가장 가까운지 찾아보세요. 책 고르기가 어렵다면 주어진 카테고리에서 가장 가깝다고 생각하는 것을 골라 보기 바랍니다.

셋째, 단기간에 삶의 질을 높이고 싶다면 현재까지 경험한 내 전문성을 강화해 줄 분야를 주제독서 하는 것이 좋습니다. 이 분야는 현재 자기 일에 대한 업무능력을 향상해 주는 것으로, 하고 싶은 것보다 어쩌면 해야 하는 일에 가깝습니다. 본

성공, 처세	자기 관리·처세, 삶의 지혜·조언, 직장 처세, 성공 스토리, 카네기 시리즈,
자기 능력개발	시간 관리, 학습·공부법, 독서·글쓰기, 마인드 콘트롤·감정, 아이디어·창의성, 여성 처세, 남성 처세, 고전 처세, 매너·이미지 메이킹, 진로·직업·적성, 중년·퇴직·은퇴, 노후생활·귀농·귀촌
비즈니스 능력계발	비즈니스 소양, 기획력, 프리젠테이션 스킬, 다이어리·플래너, 메모·문서 서식, 리더십 향상, 고전에서 배우는 리더십, 대리·과장·팀장, 신입 사원
인간관계	커뮤니케이션 향상, 인간관계 일반, 직장 내 인간관계, 남녀 관계
화술, 협상	대화·화술, 유머, 설득·협상, 연설·스피치, 회의 방법·토론
청소년 자기계발	청소년 자기계발, 자녀 훈육

온라인서점 자기계발 카테고리.

업의 전문성은 강화하지 않고 부업만 하려는 예가 종종 있습니다. 하지만 현재 자신의 소득 기반이 흔들리지 않고 탄탄해야, 하고 싶은 일을 통해서 돈을 벌 수 있을 때까지 지속해서 건강하게 과정을 쌓아갈 수 있습니다. 우선 자신의 전공과 본업의 전문성을 더 잘하게 만드는 것이 삶의 질을 빠르게 향상할 수 있다는 사실을 꼭 명심하기 바랍니다. 좋아하는 감정은 쉽게 변할 수 있습니다. 문제 해결 능력이 탁월할수록 소득도 달라지는 것이 맞는다면, 내 실력을 향상하기 위한 노력은 좋은 감정으로만 할 수 없습니다. 1순위로 해야 하는 일을 독서 주제로 삼고 몰입해 보세요. 잘하는 일을 더 잘하게 될 때, 그 일은 나에게 좋은 일이 될 확률이 높아집니다.

시간 관리 그만하시고
에너지 관리하세요!

목표를 이루기 위해 여러분은 무엇에 집중하나요? 혹시 시간을 관리하기 위해 애쓰지 않나요? 하지만 시간 관리보다 더 중요한 것이 있습니다. 목표를 실행할 수 있도록 자신의 에너지를 잘 관리하는 것입니다. 아무리 시간 관리를 잘하려고 해도 자신의 에너지가 뒷받침되지 않는다면 시간 관리를 제대로 하기가 힘듭니다. 한마디로 목표를 이루는 데 있어서 시간 관리보다는 자신의 에너지를 잘 관리하는 것이 더 중요합니다.

예를 들어 어떤 목표를 세울 때 to do list부터 적는 사람이 많습니다. 하지만 to do list만으로는 목표를 이루기 어렵습니다. '매일 아침 5시에 일어나서 책을 읽겠다'라고 독서 목표를 세운다고 해서 그대로 되는 것은 아닙니다. 정작 아침 5시에 잠에서 깼을 때 책을 읽을 상태가 되지 않으면 책을 읽을 수 없습니다. 따라서 아침 5시에 책을 읽겠다는 목표보다 더 중요한 것은 아침 5시에 일어나 책을 읽을 수 있는 상태가 되도록 에너지를 관리하는 것입니다. 전날 늦더라도 11시에는 잠을 자야 5시에 일어났을 때 다시 잠들고 싶은 생각을 이겨 내고 책을 읽을 수 있습니다. 퇴사하면 시간이 많아지니까 자신이 마음

1시간 이상 고강도 에너지	책쓰기, 유튜브 대본 작성 및 촬영, 콘텐츠 기획, 온·오프라인 강의, 1:1 독서 PT컨설팅, 헬스
30분 이상 중강도 에너지	영상 편집, 독서, 독서 맵핑, 글쓰기, 새벽챌린지, 강의 준비, 자녀들 목욕 시키기.
30분 이하 저강도 에너지	독서 모임 매일 읽기 가이드 공지, 그룹 독서 PT공지, 원페이지 독서맵핑 클래스 피드백, 단순 행정 업무

생존책방의 시간 관리.

만 먹으면 전업 유튜버도 될 수 있겠다는 허상을 꿈꾸지만 정작 현실은 그렇지 않습니다. 나 자신이 주어진 시간에 몰입할 수 있는 정신적, 신체적, 영적 상태가 되어야 이것이 가능합니다.

목표에 대한 생산성을 높이려면 시간이 아니라 에너지 관리를 해야 합니다. 단지 to do list를 적는 것으로 끝내지 마시고, 고, 중, 저 에너지 단위로 목표를 분배해 보세요. 1시간 이상 집중할 수 있는 시간이 생기면 기획을 하거나 어려운 결정을 내리는 일과 같이 고강도 에너지가 드는 일을 처리하세요. 30분 이상 시간이 주어지면 독서를 하거나 글을 써보세요. 30분 이하 자투리 시간이 생기면 단순히 반복하는 일, 사무 처리와 같이 저강도 에너지가 드는 일을 처리하세요.

마라톤을 완주하려면 힘들어도 몸을 계속 움직여야 합니다. 뛸 힘이 없으면 걷기라도 해야 합니다. 멈추면 근육이 굳어 다시 뛰기 어려워집니다. 조급하게 달릴 필요는 없지만, 원하는 목표가 있다면 멈추지 않고 걸어가는 상태는 유지하도록 노력해야 합니다. 결국 주어진 시간에 몰입할 수 있는 내 기본값, 에너지 상태를 바꾸는 것이 목표를 이루는 효과적인 방법입니다.

4장

**생존독서 3단계, 원페이지 독서맵핑
– 문제 해결책 시각화하기**

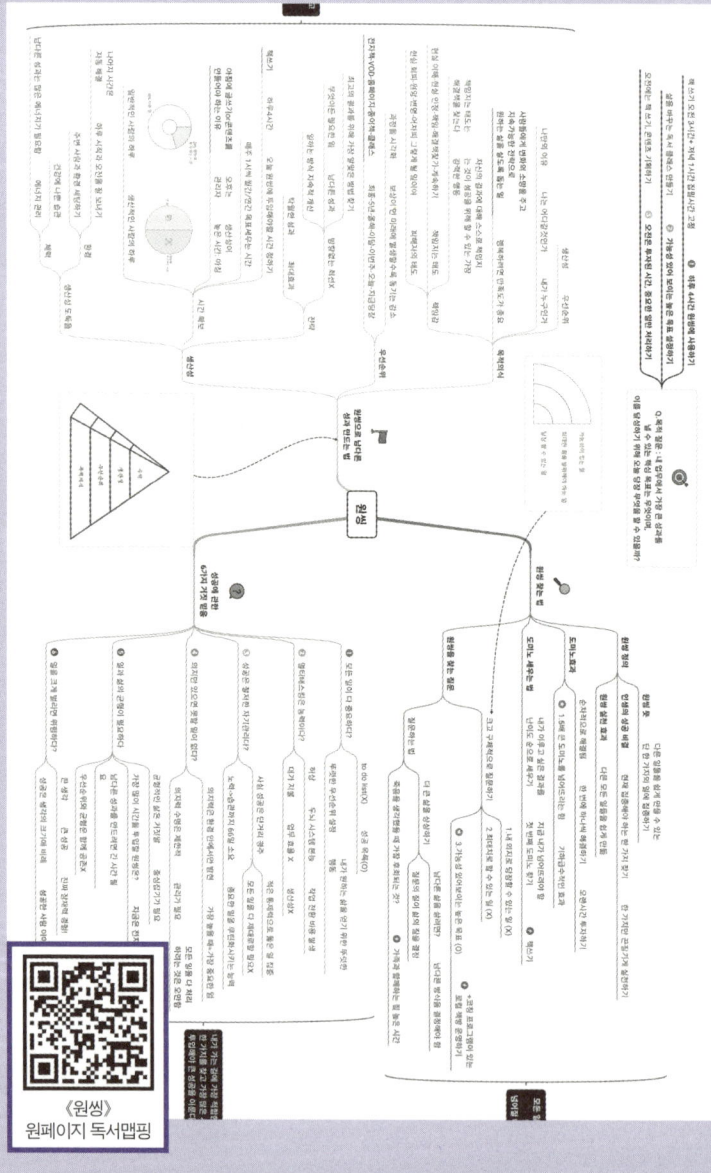

1

뇌가 가장 좋아하는 책 정리 방법
- 원페이지 독서맵핑

'책을 열심히 읽어도 기억이 안 나는 이유가 뭘까요?'

많은 사람이 열심히 밑줄을 치며 책을 읽습니다. 하지만 한 챕터를 읽고 나서 돌아서면 무슨 내용을 읽었는지 전혀 기억에 남지 않습니다. 마찬가지로 자신의 문제를 해결하기 위해 문제를 정의하고 주제독서를 해도 막상 책을 덮으면 무슨 내용인지 잘 기억나지 않습니다. 누군가 "지금 읽고 있는 책 내용이 어때?"라고 물어보면 "좋았어!"라고 말할 뿐, 내용을 설명하려고 해도 잘 기억나질 않습니다. 그렇다 보니 책을 읽고 어떻게 내 삶에 적용해야 할지 엄두가 나지 않습니다.

저 역시 독서를 하면서 이런 문제에 부딪혔습니다. 책을 읽으면서 기억에 남도록 색깔 펜으로 독서 노트도 정성껏 써 보고, 한글 파일로도 작성해 보았습니다. 이렇게 정리하다 보면 책 한 권을 정리한 분량이 10장이 넘어가기 일쑤였고, 정작 정리한 내용을 다시 보는 것도 번거로웠습니다. 이런 문제를 해결하기 위해 제 나름대로 한 권의 책을 A4 종이 한 장으로 요약해 보기도 했습니다. 하지만 막상 A4 종이 한 장에 저한테 필요한 내용을 잘 정리한다는 게 여간 힘든 일이 아니었습니다. 그러다가 '어떻게 책에서 저자의 핵심 메시지 가운데 나에게 중요하고 지금 필요한 내용만을 뽑아서 제대로 정리할 수 있을까?' 하는 고민을 하다 우연히 '마인드맵'을 발견하게 되었습니다.

마인드맵은 영국의 토니 부잔(Tony Buzan)이 개발한 생각 정리 툴입니다. 마인드맵은 핵심 주제에서 시작하여 꼬리에 꼬리를 붙여 생각을 발전시킴으로써 새로운 아이디어를 구상하거나 암기를 할 때 아주 효과적입니다. 토니 부잔은 우리 뇌의 사고방식에 맞추어 마인드맵을 개발했습니다. 뇌는 어떤 사실을 순차적으로, 직선형으로 사고하는 것이 아니라 가장 중요한 것을 중심으로 방사형으로 사고합니다. 뇌는 가장 중요한 것을 먼저 파악한 다음 사방으로 뻗어 나가며 사고합니다. 뇌가 이렇게 사고하기 때문에 우리가 어떤 사실을 잘 기억하려면 일단 그것이 자신에게 중요한 것으로 인식되어야 합니다. 이 말은 어떤 사실에 대해 자신과 관련된 의미를 연결하는 사고 과정을 거칠수록 우리는 그것을 더 효율적으로 잘 기억할 수 있다는 뜻입니다. 뇌에서 일어나는 이러한 사고 과정을 그대로 시각화하여 표현한 도구가 바로 마인드맵입니다. 한마디로 마인드맵은 뇌가 '가장 좋아하는, 가장 효율적인' 생각 정리 방법입니다.

그동안 책의 내용을 제 나름대로 정리하면서 '이게 과연 맞는 방법일까?'라는 의구심이 들곤 했습니다. 그러다 마인드맵을 이용하여 책에서 필요한 내용의 핵심을 뽑아서 한 장으로 시각화를 해 보니 너무도 만족스러웠습니다. 책의 핵심 내용이 한 장으로 요약되면서 한눈에 쏙 들어왔습니다. 이렇게 해서 마인드맵을 이용하여 50권 이상의 책을 일일이 손으로 써 가며 핵심 내용을 한 장씩 정리했더니, 책을 읽으면서 저자가 말하려는 내용이 머릿속에서 구조화되면서 입체적으로 읽히기 시작했습니다. 이는 이전과는 전혀 다른 차원의 경험이었습니다. 이렇게 해서 읽은 책을 한 장에 시각화하는 저만의 '원페이지 독서맵핑'이 탄생했습니다.

처음에는 종이에 수기로 원페이지 독서맵핑을 했습니다. 그러다 매번 손으로 쓰는 것이 번거롭기도 하고 시간이 지나면 알아보기도 어려워 디지털 원페이지 독서맵핑을 시도하게 되었습니다. 디지털로 원페이지 독서맵핑을 했더니 수정하기가 편하고 아카이브 기능을 통해 언제든 개인 디바이스로 활용할 수 있는 장점이 생겼습니다. 각각의 원페이지 독서맵핑의 URL 링크를 따로 생성할 수도 있어 다른 사람과 공유하기도 편리했습니다. 그뿐 아니라 수기로 원페이지 독서맵핑을 할 때보다 시각화 효과도 좋고 활용성도 더 커졌습니다.

그동안 책을 읽고 나서 기억이 잘 나지 않았다면, 이는 독서와 삶이 연결되지 않고 그저 '책이나 한번 읽어 볼까?'라는 마음으로 '독서를 위한 독서'를 했기 때문일 수도 있습니다. 하지만 책을 읽고 그 내용을 삶에서 실천할 수만 있다면 이제는 기억이 안 나는 문제를 전혀 신경 쓰지 않아도 됩니다. 원페이지 독서맵핑을 통해서 지금 나에게 필요한 내용과 내가 기억해야 할 핵심 내용을 한눈에 시각화하면, 독서가 내 삶과 연결되면서 문제의 해결책을 찾는 단계로 나아가 행동으로 이어지게 할 수 있기 때문입니다.

2

원페이지 독서맵핑의 5가지 효과

"평소에 책을 읽지 않았는데, 일주일에 한 권을 읽다니! 기적입니다."
"책 읽는 것이 재밌어지기 시작했어요!"

책을 읽고 원페이지 독서맵핑을 한 회원님들이 제게 들려준 말입니다. 원페이지 독서맵핑은 책의 핵심과 자신의 문제와 관련된 내용을 한 장으로 정리하는 책 정리 방법입니다. 책을 읽으면서 원페이지 독서맵핑을 하면 책의 핵심 내용을 쉽게 파악할 수 있고, 책을 덮고 나서도 중요한 내용을 잘 기억할 수 있습니다. 이를 통해 책에서 얻은 지식을 바로 현실에 적용할 수 있으므로 책 읽기가 재밌어집니다. 원페이지 독서맵핑을 의식하며 책을 읽으면 정리할 내용을 계속 질문하게 되면서 자신도 모르게 책에 몰입하는 놀라운 경험을 하게 됩니다. 이러한 원페이지 독서맵핑의 효과는 다음과 같습니다.

① 집중력이 높아지면서 속독 능력이 향상됩니다.

원페이지 독서맵핑의 가장 큰 장점 중 하나는 집중력이 향상되어 속독 능력을 키울 수 있다는 점입니다. 속독은 눈의 움직임을 빠르게 하는 안구 훈련이 아닙니다. 속독의 본질은 읽은 내용을 빠르게 이해하고 자신의 필요에 맞게 활용하는 뇌의 처리 속도를 높이는 것입니다. 원페이지 독서맵핑을 의식하며 책을 읽으면 몰입 시간이 길어지고 이를 통해 자연스럽게 속독 능력이 향상됩니다.

② 문제 해결을 위한 구조화 능력이 개발됩니다.

책을 읽고 내용을 원페이지 독서맵핑으로 재구성하는 과정을 거치면서 자연스럽게 구조화 능력이 향상됩니다. 이 과정에서 문제 해결에 필요한 핵심 아이디어를 체계적으로 정리하게 되고 문제 해결을 위한 실행 가능한 전략을 찾을 수 있습니다. 이러한 구조화 능력은 복잡한 문제를 효과적으로 해결하는 데 중요한 역할을 하며 책 내용을 삶에 적용할 수 있도록 연결해 줍니다.

③ 책을 3번 읽는 효과로 장기기억이 강화됩니다

에빙하우스의 망각곡선에 따르면 복습 주기가 짧고 반복될수록 장기기억에 효과적입니다. 원페이지 독서맵핑은 이 원리를 활용해서 책의 내용을 정리하는 과정에서 단기간에 책을 3번 이상 읽는 효과를 만듭니다. 첫 번째는 책을 읽으며 밑줄을 치는 과정에서, 두 번째는 원페이지 독서맵핑을 작성하며, 세 번째는 원페이지 독서맵핑을 최종적으로 수정하며 반복 학습이 이루어집니다.

이렇게 원페이지 독서맵핑은 잊어버릴 틈을 주지 않고 단기간 반복 학습을 통해 책에 있는 중요한 내용을 효과적으로 장기 기억하도록 돕습니다. 그뿐 아니라 한 달 안에 원페이지 독서맵핑을 활용한 다양한 아웃풋으로 발표를 하거나 콘텐츠를 제작한다면 장기기억을 더욱 강화할 수 있습니다.

④ 원페이지 독서맵핑을 활용하면 생각하는 힘을 기를 수 있습니다

자신이 정리한 원페이지 독서맵핑을 활용해 다른 사람에게 책 내용을 설명해 보기 바랍니다. 이를 기반으로 책 리뷰를 작성하거나 콘텐츠 아이디어를 기획하거나 문제 해결을 위한 구체적인 계획을 세워 보세요. 그러면 원페이지 독서맵핑을 적극적으로 활용하는 과정에서 생각하는 힘이 길러집니다. 이렇게 길러진 생각하는 힘은 책을 활용해 문제를 해결하는 능력을 키워줍니다.

⑤ 의사 결정 능력이 향상됩니다

원페이지 독서맵핑은 정보를 체계적으로 정리하고 문제의 핵심을 파악할 수 있도록 해 줍니다. 이 과정을 통해 명확한 사고를 도와 빠르고 정확한 의사 결정을 내리는 데 도움이 됩니다. 예를 들어 비슷한 주제를 다룬 여러 권의 책을 원페이지 독서맵핑으로 요약하면 공통점과 차이점을 쉽게 비교할 수 있고 이를 통해 무엇이 가장 중요한지, 어떤 해결책을 우선할지 명확히 판단할 수 있습니다. 결과적으로 의사 결정 능

력이 향상되어 독서를 정보 습득에 그치지 않고, 실제 행동으로 이어지게 만듭니다.

3

원페이지 독서맵핑 전에 해야 할 일
- 5분 예비 독서와 목적 질문 만들기

5분 예비 독서

등산을 시작하기 전 미리 코스를 살펴보는 것처럼, 독서를 시작하기 전에도 사전 준비가 필요합니다. 이를 5분 예비 독서라고 합니다. 5분 예비 독서란 말 그대로 책 내용을 본격적으로 읽기 전에 제목, 부제, 표지, 목차, 저자 소개, 추천사, 띠지, 프롤로그 등을 훑어보는 과정입니다. 이 과정은 책의 핵심 메시지를 추측하고, 저자가 말하려는 주제를 미리 파악하는 데 필요합니다. 제목과 부제는 책의 핵심 키워드를 담고 있는 경우가 많습니다. 목차에서는 반복되는 키워드를 눈여

겨보며 저자가 어떤 순서로 이야기를 전개하는지 살펴볼 수 있습니다. 핵심 파악이 어려운 책은 추천사나 리뷰를 읽어 보면서 내용을 추측해 볼 수 있습니다.

예비 독서 시간은 가능하다면 최대 5분을 넘지 않는 것이 좋습니다. 필요하다면 타이머를 맞추고 5분 이내에 예비 독서를 하는 것도 좋은 방법입니다.

5분 예비 독서는 미리 지도를 보면서 등산로를 가늠하고 등산하면 방향을 잃지 않고 정상에 도달할 수 있는 것과 같은 이치입니다. 본격적으로 책을 읽기 전에 미리 책에 담긴 주요 내용을 파악하면 끝까지 길을 잃지 않고 책을 읽어 나갈 수 있습니다.

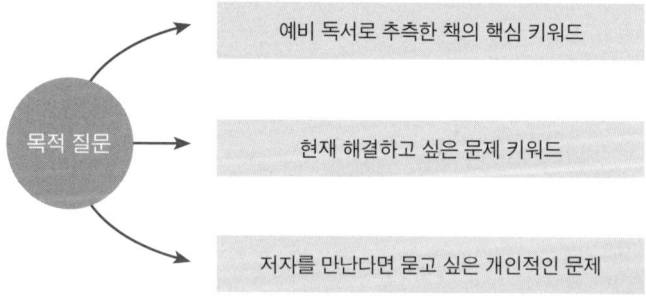

목적 질문을 만드는 법

목적 질문 만들기

예비 독서를 하는 가장 중요한 이유는 목적 질문을 만들기 위함입니다. 여기에서 목적 질문이란 책을 나의 목적에 맞게 어떻게 활용할지 미리 정하는 질문입니다. 다시 말해서 내 문제와 연결해 질문을 만드는 것입니다.

《뇌 신경 의사, 책을 읽다》(신동선, 더메이커)에 나오는 '나는 왕이고, 책은 신하다'라는 말이 목적 질문의 핵심을 잘 표현하고 있습니다. 목적 질문은 내가 왕이 되어 신하인 책에 무엇을 질문할지 결정하는 것과 같습니다. 왕이 나라를 잘 다스리려면 신하의 능력을 잘 활용할 수 있어야 합니다. 그렇다

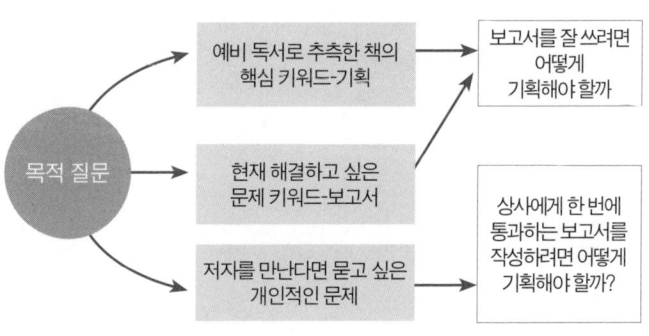

《기획의 정석》 목적 질문 사례

고 신하들의 좋은 이야기를 모두 다 들을 수는 없습니다. 현재 해결해야 하는 문제에 관해 적절한 해결책을 질문하면서 필요한 것을 취사선택할 수 있어야 합니다. 지금 당장 모든 내용이 나에게 모두 필요한 것은 아닙니다. 필요한 것은 시급하게 해결할 문제에 관해 적절한 답을 찾을 수 있는 내용입니다.

목적 질문은 예비 독서로 추측한 책의 핵심 키워드와 현재 내가 해결하고 싶은 문제 키워드를 합쳐서 질문으로 만드는 과정입니다. 예를 들어 《기획의 정석》(박신영, 세종서적)의 핵심 키워드는 '기획'이고 현재 내가 해결하고 싶은 문제 키워드는 '보고서'라고 가정하면, "보고서를 잘 쓰려면 어떻게 기획해야 할까?"라는 목적 질문을 해 볼 수 있습니다. 만약 저자와 카페에서 단둘이 만난다면 어떤 개인적인 문제를 질문하고 싶은지 적어 보는 것도 목적 질문을 찾는 좋은 방법입니다. 책을 읽는 과정에서 목적 질문이 바뀔 수도 있으므로 목적 질문을 찾기 위해 너무 긴 고민 시간을 갖기보다는 직관적으로 떠오르는 하나의 질문을 바로 적어 보세요.

분야	책 제목	문제 키워드	목적 질문
동화	어린 왕자	가치	어린 왕자가 강조한 '가치' 있는 삶을 내 삶에 어떻게 적용할 수 있을까?
	미운 오리 새끼	정체성	미운 오리 새끼가 '정체성'을 찾게 되는 과정에서 내가 배울 점은 무엇일까?
소설	갈매기의 꿈	목표	원하는 '목표'를 이루기 위해 가장 먼저 변화시켜야 할 마음가짐은 무엇일까?
	연금술사	우선순위	내가 추구해야 할 진정한 보물은 무엇이며, 이를 찾기 위해 지금 어떤 행동을 '우선'해야 할까?
역사	지리의 힘	역사 지식 부족	지리적인 특성이 각 나라에 미치는 영향은 어떤 요소가 있을까?
	1차 세계대전의 기원	전쟁의 원인	1차 세계대전의 '원인'을 통해 현대 사회에서 갈등을 예방하려면 무엇을 배워야 할까?
자기 계발	레버리지	수입	여가 2시간을 효율적으로 활용해 '수입'을 늘릴 방법은 무엇일까?
	아주 작은 습관의 힘	게으름	'게으름'을 극복하기 위해 당장 시작할 수 있는 행동은 무엇일까?

분야별 목적 질문 예시

목적 질문은 모든 책에 가능하다

'컬러 배스 효과(color bath effect)'가 있습니다. 이는 내가 어떤 색깔에 관심이 있으면, 그 색깔을 가진 물건이 내 눈에 잘 띄는 현상을 말합니다. 예를 들어 내가 '녹색'에 관심이 있으면 '녹색'의 물건이 눈에 더 잘 들어오는 현상입니다. 마치 최신 아이폰에 관심이 있을 때는 관심이 있는 아이폰 기종만 눈에 띄는 것과 같습니다. 책을 읽을 때 목적 질문의 효과는 컬러 배스 효과와 같다고 할 수 있습니다. 곧 책을 읽을 때 목적 질문을 던지면 나에게 필요한 답이 포착되면서 확대되어 다가오는 경험을 할 수 있습니다. 목적 질문을 정하면 뇌는 무의식적으로 답을 찾는 모드로 바뀝니다. 한마디로 목적 질문은 책을 읽는 모드를 문제 해결 모드로 바꿔 줍니다.

목적 질문은 어떤 책이든지 가능합니다. 현재 내가 읽고 있는 책이 자기계발서이든, 소설이든, 자녀들에게 읽히려는 책이든 모두 목적 질문을 적용해 볼 수 있습니다. 자기계발서와 같이 직접적인 생활에 적용할 수 있는 실용서는 목적 질문에 적합한 키워드가 많습니다. 동화나 소설, 인문학 분야는 실용서가 아니지만, 이 책을 통해 '궁금한 것, 알고 싶은 것'을 목적 질문으로 할 수도 있습니다. 목적 질문은 독서뿐 아니라 살면서 겪는 각종 문제를 해결할 때도 필요한 능력입니다.

  이제 책을 읽기 전, 한 가지 질문을 떠올려 보세요. 목적 질문은 독서를 단순한 활동에서 실질적인 문제 해결의 과정으로 바꿔 줄 것입니다.

원페이지 독서맵핑은
책을 다 읽고 정리하나요,
읽으면서 정리하나요?

이 질문에 대한 답은 '읽기-정리하기를 세트로 함께 하는 것이 좋다.'입니다. 이는 웨이트와 유산소를 세트로 해서 운동하는 것과 같습니다. 하지만 책을 읽는 속도와 분량에 따라 정리 방법은 약간 조정해야 합니다.

① 한 권을 완독하는 시간이 일주일 이상 걸리는 경우
이 때는 챕터 단위로 읽고 정리하는 것을 추천합니다. 한 챕터를 오늘 읽었다면 곧바로 그 챕터를 정리하라는 뜻입니다. 일주일 지나서 책을 다 읽은 다음에 정리하려면 기억이 나지 않아 다시 읽어야 하는 일이 생기기 때문

입니다.

② 한 권을 하루 이틀 만에 읽는 경우

이 때는 완독을 한 다음에 정리해도 괜찮습니다. 책을 읽다 '앞부분을 다 까먹은 것 같은데?'라는 생각이 들면, 잠시 읽기를 멈추고 생각을 정리하고 넘어가면 됩니다.

③ 공통으로 기억해야 할 원칙

빠르게 읽든지 느리게 읽든지 기억할 원칙은 '오늘 읽은 내용은 오늘 정리하자!'입니다. 하지만 이때 주의해야 할 점이 있습니다. 반드시 챕터 단위로 정리해야 한다는 점입니다. 적어도 한 챕터 단위의 숲을 보고 저자의 의도를 이해해야 나의 목적에 맞게 무엇을 정리해야 할지 파악할 수 있기 때문입니다.

4

원페이지 독서맵핑 5단계

원페이지 독서맵핑 5단계를 본격적으로 설명하기에 앞서 '밑줄 치며 책 읽기'에 대해 간단히 설명하려고 합니다. 원페이지 독서맵핑을 위해 중요하거나 기억하고 싶은 문장에 밑줄을 치며 책을 읽는 것이 좋습니다. 그래야 나중에 원페이지 독서맵핑으로 정리하기가 쉽습니다. 간혹 책을 깨끗하게 보고 싶어 하는 분이 있습니다. 이럴 때는 옆에 메모장을 펼쳐 두고 쪽 수와 줄 수를 메모하면서 읽기 바랍니다.

밑줄을 치는 기준은 크게 2가지입니다. 지금 자신에게 필요한 내용과 기억하고 싶은 내용입니다. 이 두 가지에 해당하는 내용이 나오면 밑줄을 긋습니다.

펜으로 밑줄을 그어도 좋고, 형광펜도 괜찮습니다. 밑줄이 아니라 괄호나 동그라미 등으로 개인 취향에 맞게 표시해도 관계없습니다. 이렇게 두 가지 기준을 가지고 읽으면, 책을 읽을 때부터 자신의 목적에 맞는 내용을 찾으며 읽게 됩니다. 무엇보다 원페이지 독서맵핑을 할 때, 책을 다시 읽지 않고 밑줄을 친 것만 정리하면 되기 때문에 시간과 에너지를 절약할 수 있습니다.

그럼 지금부터는 본격적으로 '원페이지 독서맵핑'의 5단계 과정인 '주 가지 구성하기', '부 가지 구성하기', '세부 가지 구성하기', '내 생각 붙이기', '한 줄 요약하기'에 관해 알아보겠습니다.

1. 1단계-주 가지 구성하기

책을 읽을 때 가장 중요한 질문은 '이 책에서 무엇을 얻고 싶은가?'입니다. 이 질문에 답하기 위해 우리는 책의 설계도인 목차를 활용할 수 있습니다. 목차는 저자가 중요하게 생각하는 키워드와 핵심 내용을 담고 있습니다. 따라서 '주 가지'는 목차를 훑어보며 반복되는 키워드와 책의 전개 흐름을 파악하고 자신에게 필요한 내용 중심으로 구성합니다.

주 가지를 구성하는 과정은 마치 물건 정리와 비슷합니다. 흩어진 것을 한곳에 모으고 같은 물건끼리 분류하고 라벨을 붙입니다. 주 가지 구성도 마찬가지입니다. 먼저 책의 목차를 한곳에 모읍니다. 그다음 같은 키워드나 패턴을 분석하며 분류합니다. 마지막으로 나만의 목적과 기준에 따라 주 가지를 구성합니다. 이렇게 주 가지를 구성하다 보면 독서 과정에서 어떤 내용을 먼저 읽고 활용할지가 명확해지고, 내 목적에 맞게 질문하며 책을 주체적으로 읽게 하는 힘을 키울 수 있습니다.

그러면 지금부터 주 가지를 구성하는 방법에 관해 4가지 유형의 책을 통해서 구체적으로 알아보겠습니다.

자기계발서 《원씽》

　《원씽》에 있는 목차대로 1부 거짓말, 2부 진실, 3부 위대한 결과를 주 가지로 해도 상관없지만, 나의 목적에 맞게 재구성하면 독서 효과를 더 극대화할 수 있습니다. 저는 제 나름대로의 목적에 맞도록 《원씽》의 목차와 세부 목차를 보면서 주 가지를 '원씽 찾는법', '성공에 관한 6가지 잘못된 믿음', '원씽으로 남다른 성과를 만드는 방법'으로 재구성 했습니다.

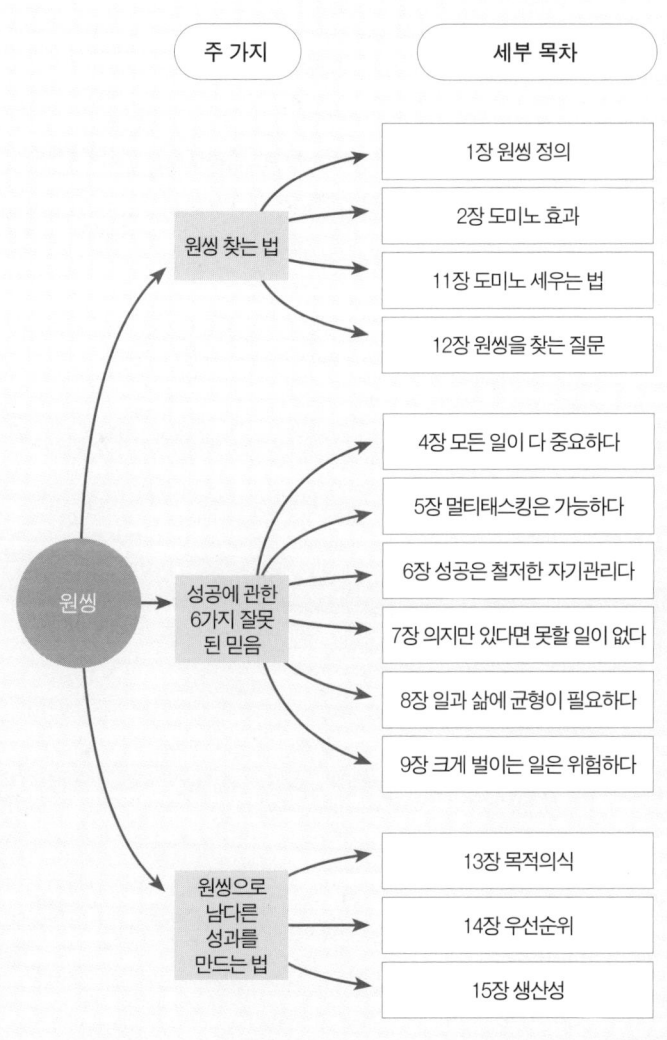

자기계발서 주 가지 구성 예시-《원씽》(게리 켈러, 제이 파파산, 비즈니스북스)

동화 《어린 왕자》

《어린 왕자》처럼 목차가 없는 동화책도 있습니다. 이때는 해당 도서의 장르를 고려해서 주 가지를 구성할 수 있습니다. 즉, 책을 읽으면서 또는 책을 읽고 나서 주제나 독서 후 느낀 점, 기억하고 싶은 문장, 등장인물의 특징 등으로 주 가지를 구성해 볼 수 있습니다.

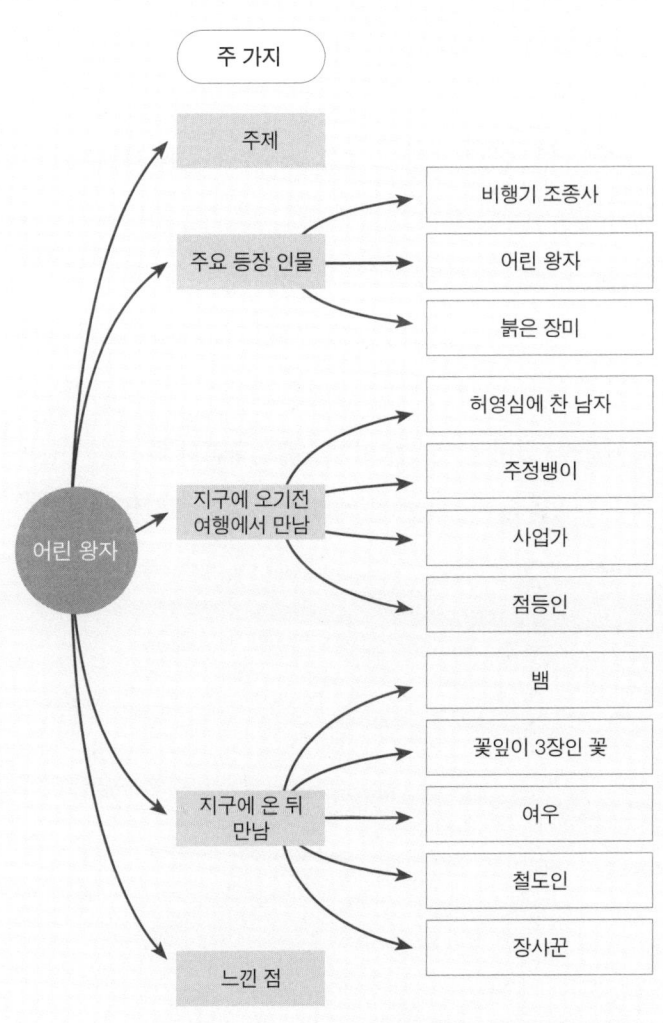

동화책 주 가지 구성 예시 - 《어린 왕자》 (생텍쥐페리, 비룡소)

소설 《갈매기의 꿈》

　《갈매기의 꿈》과 같은 소설은 대부분 목차를 보고 내용을 파악하기 어렵기 때문에 주 가지를 구성하는 방법을 달리해야 합니다. 즉, 주 가지를 소설의 3요소인 주제, 구성, 문체와 소설 구성의 3요소인 인물, 사건, 배경으로 구성해 보는 것을 추천합니다. 이렇게 하면 등장인물 간의 인과관계를 한눈에 이해할 수 있어서 사소한 이야기에 집중하다가 소설의 전체적인 흐름을 놓치는 문제를 해결할 수 있고 소설을 효과적으로 읽을 수 있습니다.

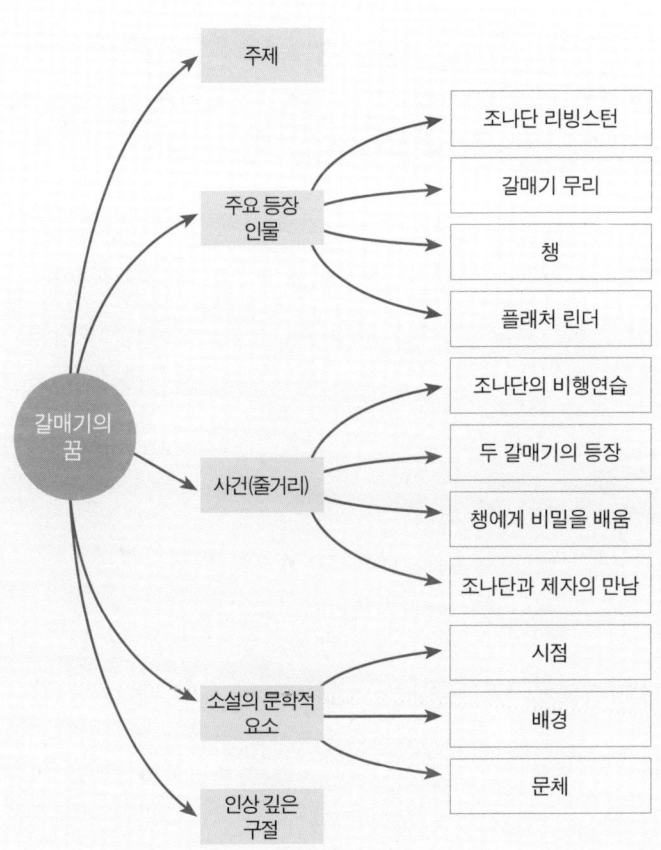

소설 주 가지 구성 예시 - 《갈매기의 꿈》 (리처드 바크, 나무옆의자)

역사책 《7가지 키워드로 읽는 오늘의 이스라엘》

소챕터가 많은 책은 목차 재구성으로 주 가지를 잡기가 어려울 수 있습니다. 예를 들어 《7가지 키워드로 읽는 오늘의 이스라엘》은 소챕터가 80개가 넘습니다. 그렇다 보니 소챕터를 활용하여 주 가지를 잡기가 어렵습니다. 이때는 반복되는 패턴을 찾아서 분류한 다음에 이를 토대로 주 가지를 정할 수 있습니다.

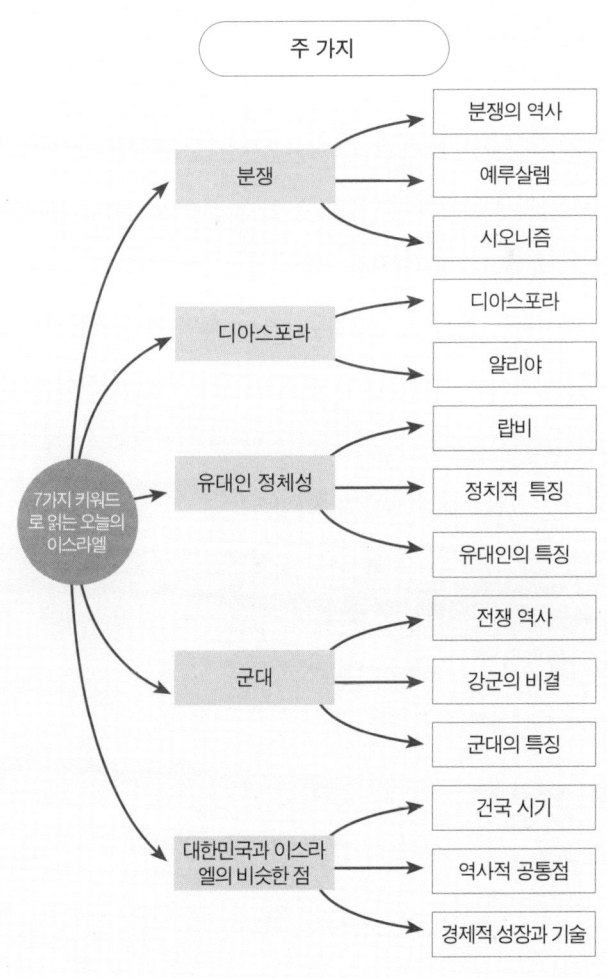

역사책 주 가지 구성 예시 - 《7가지 키워드로 읽는 오늘의 이스라엘》 (최용환, 세종서적)

2. 2단계-부 가지 구성하기

'부 가지'는 주 가지를 설명해 주는 나만의 분류 기준입니다. 부 가지는 목차에서 반복되는 내용을 찾아 네이밍을 하되 되도록 명사형으로 정리하는 것이 좋습니다. 만약 '자기소개'에 관한 책의 주 가지가 가치관, 성격, 취미, 경력이라면, '경력'의 부 가지는 학력, 전공, 주요 이력, 자격증 등으로 정리할 수 있습니다. 그리고 부 가지는 반드시 한 개의 주 가지에 대해 5개 미만으로 정리해야 합니다.

예를 들어 '자기소개'를 주제로 원페이지 독서맵핑을 한다면, 주 가지는 가치관, 성격, 취미, 경력이 될 수 있습니다. '경력'의 부 가지는 학력, 전공, 주요 이력, 자격증 등으로 정리

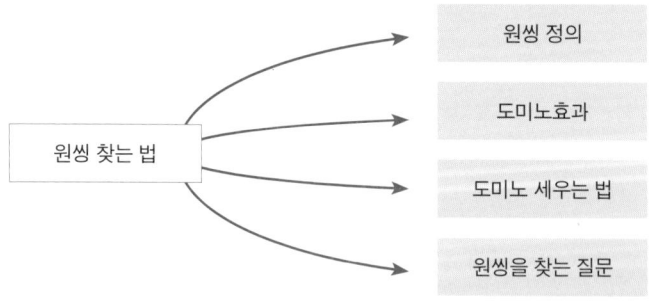

주 가지 '원씽 찾는 법'에 대한 부 가지 예시

할 수 있습니다.

《원씽》으로 설명하면, 주 가지 '원씽 찾는 법'은 목차에 있는 것이 아니라 제가 임의로 작성한 이름입니다. 제 관점에서 원씽을 찾으려면 '원씽 정의', '도미노 효과', '도미노 세우는 법', '원씽을 찾는 질문'을 정리하면 된다고 판단했기에 이 4가지 키워드를 부 가지로 정리했습니다.

3. 3단계-세부 가지 정리하기

'세부 가지'는 책에 나온 내용을 토대로 부 가지의 핵심을 간략한 키워드나 응축된 문장으로 정리한 것입니다. 책을 읽으면서 밑줄을 치거나 메모한 내용을 뽑아서 키워드나 간단한 문장으로 요약하되, 만일 이를 보충할 필요가 있으면 해당 세부 가지에 연결해서 추가로 정리하면 됩니다. 처음에 키워드나 간단한 문장으로 정리하기 어려우면, 긴 문장으로 정리한 다음에 수정해도 괜찮습니다. 대신에 책에서 소개하는 문장을 그대로 적기보다는 자신만의 표현으로 정리하는 것이 좋습니다. 그래야 키워드로 정리하거나 내용을 짧게 응축할 수 있습니다.

세부 가지를 자신만의 표현으로 정리한다는 것은 자신의 목적에 맞게 책 내용을 적용하겠다는 적극적인 생각의 반영입니다. 그리고 이렇게 나만의 키워드나 응축된 문장으로 정리해야 주 가지와 부 가지에 비해 양이 많은 세부 가지를 말 그대로 '원페이지' 독서맵핑으로 정리할 수가 있습니다.

책을 읽으면서 밑줄을 치거나 메모한 내용을 세부 가지로 정리할 때는 '2단계 - 부 가지 구성하기'에서 부 가지를 구성한 기준(예를 들어 '원씽 정의', '도미노 효과', '도미노 세우는 법', '원씽을 찾는 질문')에 맞게 내용을 분류해서 넣어 줍니다. 예를 들어 《원씽》 내용 중 '컬리'와 '미치'의 대화 내용을 참고하여 '원씽 정의' 부 가지에 다음의 예시 그림처럼 세부 가지를 키워드나 응축된 문장으로 정리해 볼 수 있습니다.

저는 저만의 원씽을 정의하고 싶은 목적이 있었기 때문에 '원씽이란 인생에서 성공하는 비결이다'라고 설명하는 문장을 '인생의 성공 비결'로 줄여서 '원씽 정의' 부 가지로 정리한 것입니다. 그리고 책을 읽으면서 정리한 키워드인 '원씽 뜻'과 '인생의 성공 비결', '원씽 실천 효과'를 덧붙여 '원씽 정의'의 세부 가지로 정리했습니다. 책을 읽다가 또 원씽을 설명해 주는 문장이 나오면, '원씽 찾는 법-원씽 정의'에 계속 기록합니다. 이렇게 책을 읽으면서 밑줄 치거나 메모한 내용을 나만의 키워드나 응축된 문장으로 정리해서 세부 가지에 덧붙여 갈 수 있습니다.

처음에는 밑줄을 치며 책을 읽는 것보다 '3단계 - 세부 가지 정리하기'에 시간이 더 걸릴 수 있습니다. 그렇다 보니 30분 책

> 컬리: 자네, 인생에서 성공하는 비결이 뭔지 아나?
> 미치: 아니요, 모르겠는데요, 뭔데요?
> 컬리: 하나, 단 하나, 그 하나만 끈질기게 해나가면 다른 모든 일을 아무 의미가 없어지거든.

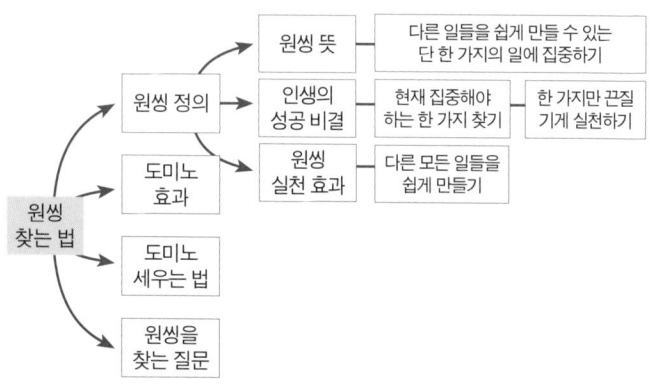

《원씽》의 내용을 세부 가지로 정리한 예시.

을 읽으면 정리하는 데 30분이 걸릴 수 있습니다. 하지만 30분을 읽었으면 5분 안에 정리하는 것이 가장 이상적입니다. 독서의 최종 목적은 정리가 아니라 내 삶과 연결해서 문제를 해결하는 일이기 때문입니다. 따라서 힘들더라도 5분 안에 정리하는 것을 목표로 해야 합니다. 열심히 노력하다 보면 점차 시간은 줄어듭니다. 처음부터 완벽하게 정리할 수 없습니다. 내용을 정리할 때는 '이게 맞나?'라는 생각이 들더라도 일단 내용을 채워 넣어야 합니다. 그래야 나중에 나만의 표현으로 수정하고 재구성할 수 있습니다. 일단 적고 수정하는 과정을 통해 점차 완성해 나가야 한 권을 빠르게 완성할 수 있습니다.

4. 4단계 - 내 생각 붙이기

'내 생각 붙이기'는 읽은 내용을 행동으로 연결하기 위한 것으로 내 문제를 해결할 답이나 적용할 수 있는 실천 목표를 정리하는 중요한 단계입니다. 내 생각 붙이기를 정리할 때 책의 내용을 있는 그대로 잘 정리하기보다는 내 일상과 연결하고 적용하기 위해 고민하는 일이 중요합니다. 그러므로 내 생각 붙이기 단계는 에너지가 많이 듭니다. 하지만 이를 이겨내고 집요하게 파고드는 사람만이 결국 책을 읽고 자신만의 답을 찾아 변화를 만들어 낼 수 있습니다.

내 생각 붙이기의 기준에는 2가지가 있습니다. 책을 읽으면서 들었던 생각과 깨달은 것 그리고 실행에 옮기고 싶은 것입니다.

책을 읽으면서 내 목적에 맞는 해결책을 메모하는 것이 내 생각 붙이기의 가장 효과적인 방법입니다. 책을 읽으면서 순간순간 드는 생각을 메모하는 것입니다. 책을 읽다 보면 잠시 멈추고 생각을 하게 되는 문장을 만나게 됩니다. 이때 깨달은 인사이트를 잃어버리기 전에 키워드로 꼭 메모하기 바랍니다. 그렇다고 모든 내용에 내 생각을 붙일 필요는 없습니다. 문제 해결을 위해 실행으로 옮겨야겠다고 느낀 아이디어만 메모하면 됩니다.

  내 생각 붙이기는 배경 색이나 글자 색을 구별해서 정리하는 것이 좋습니다. 색을 구분하면 정리한 원페이지 독서맵핑을 다시 볼 때 무엇을 실행으로 옮길지를 쉽게 기억할 수 있습니다. 그리고 책 내용과 내 생각이 구분되기 때문에 내가 책을 읽으면서 어떤 생각을 했는지 살펴볼 수 있습니다.

5. 5단계 - 한 줄 요약하기

원페이지 독서맵핑 5단계는 '한 줄 요약하기'로, 책의 핵심 메시지를 실제 행동으로 옮기기 위해 나만의 한 문장으로 정리하는 것입니다. 한 줄 요약하기는 책을 읽고 난 다음에 최종 정리한 '나의 선언이자 다짐'이며 '책을 읽고 나서 실천을 지속하게 하는 버팀목'으로 주 가지마다 한 개씩 작성합니다. 예를 들어 주 가지가 5개면 한 줄 요약 문장도 5개가 됩니다. 이러한 한 줄 요약 문장을 작성하는 방법 2가지를 간단히 소개하면 다음과 같습니다.

첫째, 나만의 한 문장으로 작성하기
둘째, 질문이 아니라 선언과 다짐으로 작성하기

제가 《원씽》의 원페이지 독서맵핑을 만들면서 주 가지 '원씽 찾는법'의 부 가지, 세부 가지, 내 생각 붙이기를 정리하고 나서 덧붙인 '한 줄 요약'을 소개하면 다음과 같습니다.

'모든 일을 제쳐둘 만큼 중요한 한 가지를 찾아서 넘어질 때까지 쓰러뜨려 보자!'

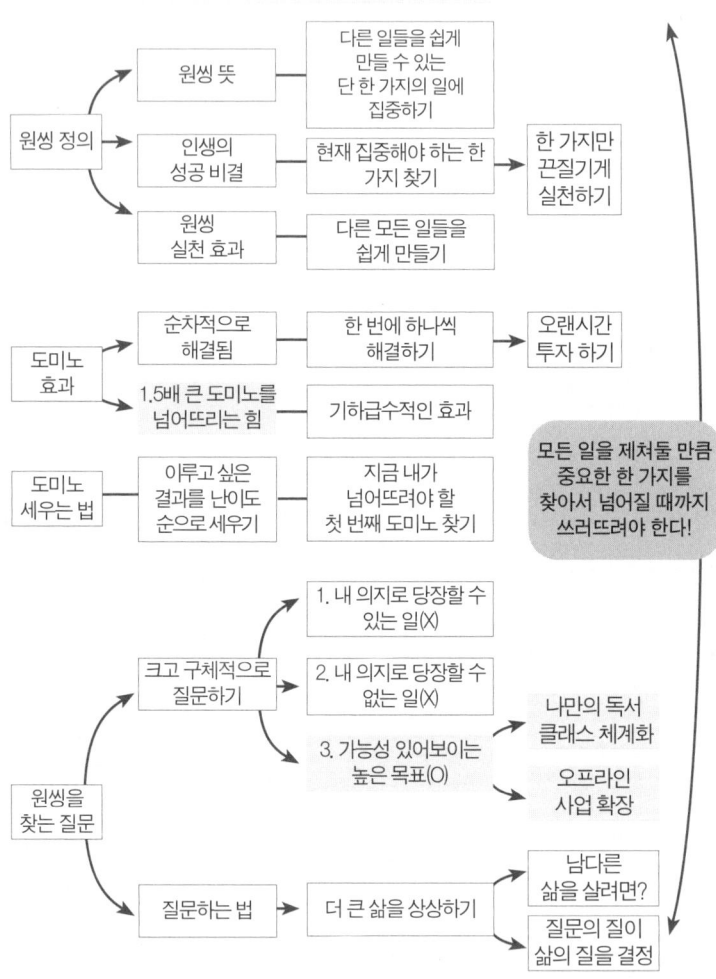

주 가지 '원씽 찾는 법'의 '내 생각 붙이기'와 '한 줄 요약하기' 예시.

 생존책방의 **독서 인사이트**

원페이지 독서맵핑을
50권 이상 할 때 일어나는 일

50권 이상의 책을 원페이지 독서맵핑으로 정리하다 보면, 그 과정에서 우리는 '그래서 중요한 게 뭘까?'라는 질문을 수없이 반복하게 됩니다. 이는 뇌에 새로운 사고 패턴을 만들며, 일상에서도 자연스럽게 어떤 일을 맞닥뜨리면 '그래서 중요한 게 뭘까?'라는 질문을 하게 만듭니다. 이렇게 되면 문제에 집중할 힘이 생기고 의사 결정이 빨라져서 삶의 질을 높일 수 있게 됩니다. 나에게 필요한 것과 그렇지 않은 것을 구분할 줄 아는 메타인지가 높아져서 문제 해결 능력도 더불어 커지기 때문입니다. 50권 넘는 책을 원페이지 독서맵핑으로 정리하는 것은 절대 만만한 일이 아닙니다. 하지만 저는 여러분이 이 과제에 도전해 보기를 권합니다. 이 과제에 도전해서 성공한다면, 이전과는 사뭇 다른 문제 해결 능력이 생길 것입니다.

5

원페이지 독서맵핑 후 책과 삶 연결하기

원페이지 독서맵핑을 한 장으로 정리한 다음에 행동으로 옮기려면 반드시 목적 질문을 보면서 '책에서 찾은 해결책 3가지'를 찾고 이를 '구체적인 행동 목표'로 정리해야 합니다. 저는 이 과정을 '책과 삶 연결하기'라고 부릅니다.

책에서 찾은 해결책

'책에서 찾은 해결책'은 원페이지 독서맵핑을 하면서 던진 목적 질문에 대해 3가지 답, 곧 책을 읽으면서 원페이지 독서맵핑으로 재구성한 내용을 보며 지금 당장 내 문제를 해결하

목적 질문	책에서 찾은 해결책	구체적인 행동 목표
내 업무에서 가장 큰 성과를 낼 수 있는 핵심 목표는 무엇이며, 이를 달성하기 위해 오늘 당장 무엇을 할 수 있을까?	하루 4시간 원씽에 사용하기	책쓰기 오전 3시간+저녁 1시간 집필 시간 고정
	가능성 있어 보이는 높은 목표 설정하기	삶을 바꾸는 독서 클래스 만들기
	오전은 중요한 일만 처리하기	오전에는 글쓰기, 콘텐츠 기획하기

책과 삶 연결하기 《원씽》 예시.

기 위한 해결책 3가지를 찾는 과정입니다. 책에서 찾은 해결책은 책을 읽고 삶에 직접 적용하기 위해 가장 적극적으로 고민하는 과정입니다. 이 과정을 거치게 되면 책을 읽고 덮으면서 '그래, 좋았어'라는 감동에 그치지 않고 문제 해결의 실질적 동력을 얻을 수 있습니다. 책을 읽고 정리하는 것으로 독서를 끝내면 삶의 변화는 절대 일어나지 않습니다. 원페이지 독서맵핑을 한 그 자리에서 바로 책에서 찾은 해결책 3가지를 정리해야 책과 삶을 연결할 수 있습니다.

제목	목적 질문	책과 삶 연결하기
《네 안에 잠든 거인을 깨워라》 (토니 로빈스, 넥서스 BIX)	마스터 6단계를 독서 코칭에 적용하려면 어떻게 해야 할까?	- 마스터 6단계를 나만의 언어로 표현해 보기 - 가치관을 파악할 수 있는 도표 만들기 - 프로세스별 겪을 수 있는 저항을 시각화 자료로 만들기
《그릿》 (앤절라 더크워스, 비즈니스북스)	게으른 내가 어떻게 그릿을 키울 수 있을까?	- 그릿을 키워줄 커뮤니티에 참여하기 - 목표 성취 과정을 주 1회 점검하고 공개 기록하기
《타이탄의 도구들》 (팀 페리스, 토네이도)	나를 성장시켜줄 도구는 무엇일까?	- 불편한 감정 이름 붙이기, 감정 일기 작성 - 95%의 시간에 집중하기 위해 하루를 3가지 핵심 작업으로 나눈 후, 집중 시간표 작성 - 잠들기 전 매일 성공일기 꾸준히 작성
《자기관리론》 (데일 카네기, 현대지성)	걱정을 덜어내려면 어떻게 해야 할까?	- 월, 수, 금 걱정 일기 작성하기 - 최악의 상황을 5분 동안 글로 적고, 어쩔 수 없는 일은 받아들이고, 통제 가능한 일은 체크리스트로 만들기
《갈매기의 꿈》 (리처드 바크, 나무옆의자)	조나단과 같이 꿈을 이루려면 어떤 행동이 필요할까?	- 고속비행 반복처럼 하루 독서 1시간 반복하기 - 목표를 도울 수 있는 멘토 3명 찾기 - 주변의 반대에도 흔들리지 말고 1년 이상 지속하기

생존책방의 목적 질문과 책과 삶 연결하기 예시.

구체적인 행동 목표

'구체적인 행동 목표'는 책에서 찾은 해결책에서 한 걸음 더 나아가 이를 구체적인 행동으로 정리하는 것입니다. 구체적인 행동 목표를 정리할 때는 '어떻게, 언제, 어디서'를 추가하면 실천 가능성이 더 커집니다. 예를 들어 '하루 4시간을 원씽에 사용해야지'보다는 '오전 4시간 동안 서재에서 책 쓰기 작업에 몰입하기'와 같은 구체적인 행동 목표를 설정해야 합니다. 구체적이지 않은 목표일수록 행동으로 옮길 가능성은 떨어집니다.

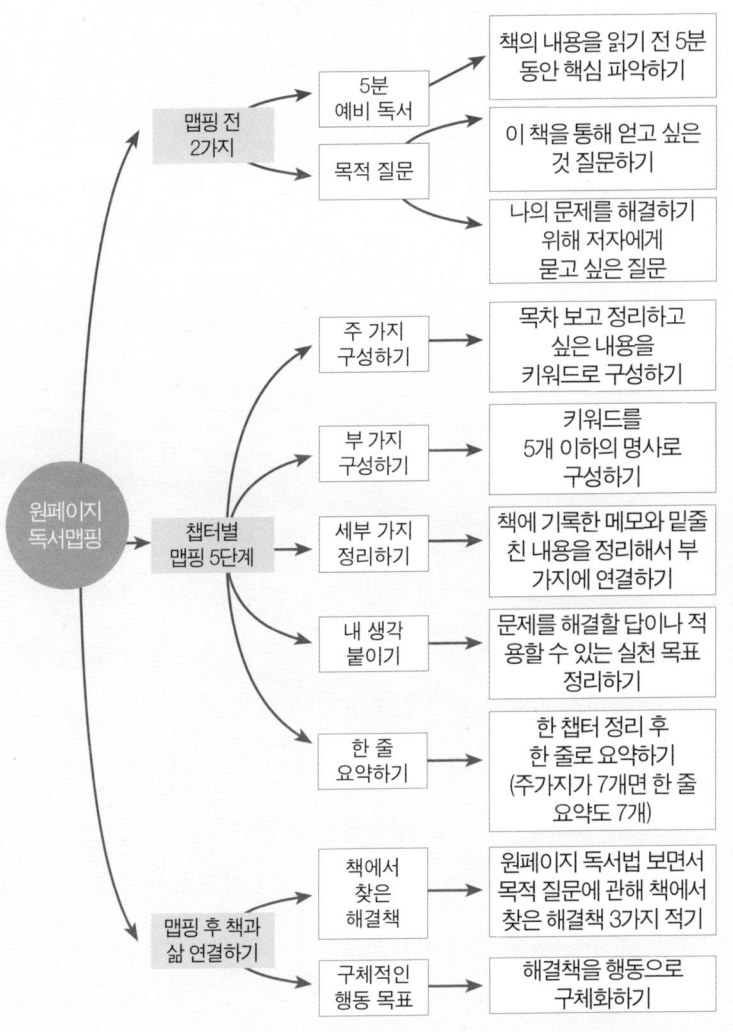

 생존책방의 **독서 인사이트**

원페이지 독서맵핑으로 서평 쉽게 쓰기

 원페이지 독서맵핑으로 가장 쉽게 쓸 수 있는 것이 서평입니다. 글을 쓸 때 백지에서 시작하려면 어렵지만, 원페이지 독서맵핑을 글의 재료로 삼아 옆에 띄워 놓고 글을 쓰면 글쓰기 저항을 줄일 수 있습니다. 이미 내가 책을 읽고 정리한 원페이지 독서맵핑이 있으므로 키워드만 연결해서 나의 표현으로 풀어쓰면 됩니다. 따라서 원페이지 독서맵핑을 했다면 서평 쓰는 것을 어렵게 생각하지 않아도 됩니다. 논문을 쓰는 것이 아니니까요. 《책 읽고 글쓰기》(나민애, 서울문화사)에서 저자는 서평을 독후감과 학술논문 사이에 있는 글이라고 합니다. 그리고 독후감이 마음의 소리를 주로 담는 것이라면 서평은 '머리의 소리를 담아야 한다.'라고 합니다. 즉, 서평은 지극히 개인적인 감상은 줄이고 책 전체에 대한 판단과 논리적 분석의 포인트를 써야 한다는 것이죠. 하지만 SNS에 올리는 서평이라면 조금 더 가볍게 접근할 수 있습니다.

그럼 지금부터 원페이지 독서맵핑을 이용해서 서평을 쉽게 쓰는 방법에 관해 알아보겠습니다.

서론 (목적 질문)	본론 (책에서 찾은 해결책 3가지)	결론 (책과 삶 연결하기)
목적질문- 집중력을 어떻게 향상 시켜야 할까?	과제의 난이도별 시간을 정해서 슬로 싱킹	오전 시간은 고정으로 책 쓰기, 40일 이내 초고 마감하기
	집중력 향상을 위해 도파민 디톡스 실천하기	스마트폰 사용 절제를 위해, 스마트폰은 하루 1시간 이상 거실에 두기
	어려운 과제를 풀 때까지 포기하지 말고 도전	하루 30분, 어려운 과제에만 집중. 도전 과정 기록하기

원페이지 독서맵핑을 활용한 서평 쓰기 예시.

목적 질문으로 서평의 서론 쓰기

질문 가이드: "이 책을 왜 읽었는가?", "나는 이 책을 통해 무엇을 얻으려고 했는가?"

서평은 읽은 책에 대해 자신이 품은 의문에 답을 내리는 과정을 쓰는 것입니다. 따라서 서론은 책을 읽기 전 만든 목적 질문이 됩니다. 이 책을 왜 읽기로 했는지, 어떤 목적으로 활용하려고 읽었는지 등 책 선정 동기와 해결하고 싶은 문제에 대한 배경을 서론으로 작성합니다. 본론으로 넘어가기 전에 목적 질문에 대해 한마디로 어

서론	목적 질문	책을 선택한 이유와 읽게 된 계기
본론	책에서 찾은 해결책 3가지	이 책을 통해 얻은 유익
결론	책과 삶 연결하기	구체적인 적용예시

원페이지 독서맵핑과 책 리뷰 연결하기

떤 결론을 내렸는지를 서론에서 마무리하면 좋습니다. 저는 《몰입》(황농문, 알에이치코리아)을 읽고 '집중력을 어떻게 향상해야 할까?'라는 목적 질문을 했고, 제가 내린 한 마디의 결론은 '어려운 문제를 풀 때까지 포기하지 말고 몰입하라!'였습니다.

책에서 찾은 해결책 3가지로 서평의 본론 쓰기

질문 가이드: "책에서 찾은 해결책 3가지는 무엇인가?"

원페이지 독서맵핑을 하고 나서 최종 정리한 책과 삶

10분 글쓰기 실천 팁
- 타이머를 10분 맞추고 쓰기
- 한 문장만이라도 생각나는 것부터 시작하기
- 수정은 반드시 글을 다 쓴 후에만 하기

연결하기의 '책에서 찾은 답 3가지'는 서평의 뼈대, 곧 본론이 됩니다. 따라서 서평의 본론은 책에서 찾은 해결책 3가지와 원페이지 독서맵핑의 주 가지, 부 가지, 세부 가지의 키워드를 연결해서 자연스럽게 글을 풀어쓰면 됩니다.

책과 삶을 연결하기로 서평의 결론 쓰기

서평의 결론은 먼저 '책과 삶 연결하기'의 내용을 참고하여 이 책에 대한 평가와 책을 읽으면 좋을 사람을 추천합니다. 그리고 책과 삶을 연결할 수 있는 좋은 방법이나 예를 덧붙여 마무리합니다.

서평을 쓸 때 중요한 것은 수정하지 않고 10분 안에 마무리하는 것입니다. 글을 자꾸 수정하다 보면 서평을 쓰는 것이 어렵게 느껴져서 끝까지 마무리하지 못하고 중간에 포기하게 됩니다. 처음부터 너무 완벽하게 쓰려고 하기보다는 일단 서평을 끝까지 쓰고 나서 수정하는 것이 효과적으로 서평을 쓰는 방법입니다.

5장

생존독서 후
문제 해결 경험을 콘텐츠로 기록하기

1

생존독서 경험을 콘텐츠로 기록하면
비즈니스 기회가 생깁니다

 책을 읽고 얻은 깨달음과 경험을 내 상황과 관점에서만 기록하면 그것은 일기가 됩니다. 하지만 타인에게 도움이 되도록 관점을 바꿔 기록하면, 그것은 콘텐츠가 됩니다. 나아가 이 콘텐츠가 다른 사람이 고민하고 있는 문제를 해결하는 데 실제로 도움이 된다면 비즈니스로 확장될 가능성이 열립니다.

 제가 지식 콘텐츠 비즈니스에 눈을 뜬 것은 처음부터 계획된 일이 아니었습니다. 저와 비슷한 처지에서 고민하고 있는 사람들에게 도움이 되도록 독서를 통한 저만의 문제 해결 경험을 기록한 것이 생존독서 콘텐츠로 발전했습니다. 그리고 이 콘텐츠가 실제로 책으로 자신의 문제를 해결하고 싶은 사람들에게 도움이 되기 시작하면서 전업 독서가로서 '생존책방'이라는 비즈니스의 길을 열게 되었습니다.

저의 예민함을 생존독서로 해결한 경험은 셀프 치유 독서 모임의 출발점이 되었고, 감정 관리에 어려움을 겪는 사람들에게 도움을 줄 수 있었습니다. 또한, 책 읽기를 통해 문제 해결 과정을 기록하면서 이것이 생존책방의 독서 PT라는 새로

문제 정의	지식 콘텐츠 비즈니스
책 읽고 감정 문제를 어떻게 해결해야 할까?	셀프 치유 독서 모임
책 읽고 문제를 해결하려면 어떻게 해야 하지?	1:1 독서 PT
책 읽고 기억에 남지 않을 때 어떻게 정리해야 하지?	원페이지 독서맵핑 클래스
청소년 시기에 독서 흥미와 문해력을 기르게 하려면?	10대를 위한 원페이지 독서맵핑 클래스
책을 읽고 적용을 어떻게 해야 할까?	생존 독서 모임
독서 습관을 만들려면 어떻게 해야 할까?	새벽 루틴 챌린지

생존책방의 콘텐츠 비즈니스.

운 형태로 발전했습니다. 책을 읽고 내용을 한 페이지로 정리하는 방법을 콘텐츠화했더니, 이는 원페이지 독서맵핑 클래스로 이어졌습니다.

이처럼 자신의 절실한 문제를 해결한 경험과 방법을 다른 사람에게 도움이 될 수 있는 콘텐츠로 기록하면, 비슷한 문제를 가진 사람들이 독자로 찾아옵니다. 독자가 많아지면 그들이 필요로 하는 다양한 콘텐츠와 서비스를 개발할 수 있습니다. 콘텐츠와 서비스는 단순히 정보를 모아서 알려 주는 것이 아니라, 이론을 활용해 성공적으로 문제를 해결한 나만의 과정과 방법이 담겨 있어야 다른 콘텐츠와 차별화되어 비즈니스로 발전할 기회를 열어 줍니다. 여러분도 저처럼 생존독서를 통해 문제를 해결한 경험과 방법을 타인에게도 도움이 될 수 있는 콘텐츠로 기록한다면, 이는 차별화된 콘텐츠가 되어 자신의 가치를 높이고 새로운 지식 콘텐츠 비즈니스의 기회를 열어 줄 것입니다.

클릭하고 싶은 콘텐츠 제목은 독자가 해결하고 싶은 문제입니다

콘텐츠를 내 관점에서 아무리 잘 만들었어도 읽어 줄 독자가 없으면 일기와 다를 것이 없습니다. 사람들이 클릭하려면 내가 도울 대상, 즉 콘텐츠를 읽을 독자의 문제

독자의 문제	콘텐츠 제목 예시
독서 후 활용하지 못하는 문제	독서를 해도 변화가 하나도 없다고 느껴지는 5가지 특징
독서 동기 부족 문제	독서를 지속하는 일이 어려운 사람의 특징 3가지
독서 후 글쓰기로 연결하는 문제	독서 후 글쓰기를 10분 만에 쓰는 방법
읽은 내용을 기억하지 못하는 문제	책 읽고 기억이 남는 게 하나도 없을 때 정리법

독서 관련 콘텐츠 제목 예시.

에 진심으로 관심을 갖고 공감해야 합니다. 왜냐하면 독자는 넘쳐나는 콘텐츠 홍수 속에서 자신에게 도움이 될 콘텐츠를 발견했을 때 클릭하기 때문입니다. 따라서 콘텐츠 제목은 독자가 머릿속으로 고민하고 있는 문제를 직관적으로 느끼도록 해야 합니다. 그렇게 해야 '어? 이거 내 문제인데?'라고 느끼며 제목을 보자마자 곧바로 내 콘텐츠를 클릭할 확률을 높일 수 있습니다.

2

생존독서의 성장 단계별 콘텐츠

우리는 생존독서를 통해서 다양한 콘텐츠를 만들 수 있습니다. 그중에서 '책 리뷰 콘텐츠'와 '인사이트 콘텐츠', '문제 해결 콘텐츠'가 대표적인 콘텐츠입니다.

책 리뷰 콘텐츠

책 리뷰 콘텐츠는 말 그대로 읽은 책에 대한 유용한 정보를 다른 사람과 공유하는 콘텐츠로, 책을 읽고 나서 가장 쉽고 빠르게 만들 수 있는 콘텐츠입니다. 이때 책 리뷰에는 무엇보다 독자의 관점에서 중요하다고 생각되는 내용을 담아내야 합니다. 책의 모든 내용을 다 요약하며 이 책을 꼭 읽어 보라고 권하는 식의 흐름은 출판사에서 하는 홍보와 크게 다를 것이 없어 독자의 관심을 끌기 어렵습니다.

책 리뷰 콘텐츠를 소비하는 독자가 가장 중요하게 생각하는 것은 무엇일까요? 그것은 아마 그 책이 과연 자신에게 필요한 이유와 근거일 것입니다. 따라서 책 리뷰를 작성할 때는

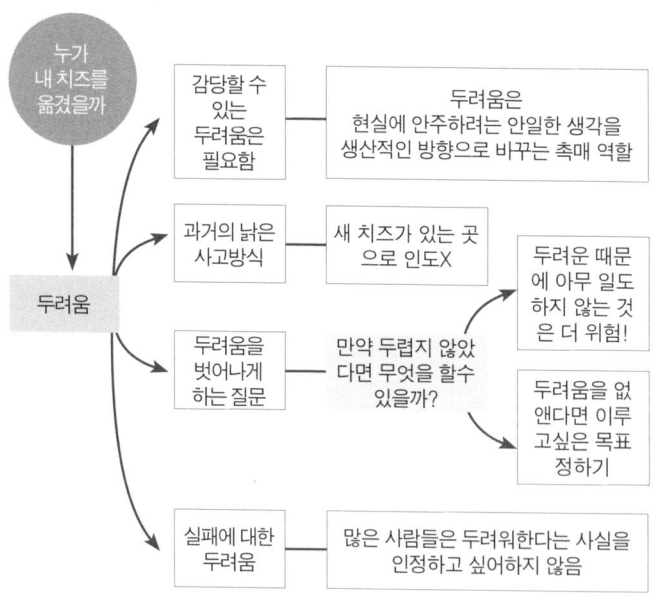

원페이지 독서맵핑으로 인사이트 질문을 찾는 방식.

어떤 이유로 이 책을 읽게 되었고 이 책을 통해 얻은 것이 무엇인지를 구체적으로 설명하는 것이 매우 중요합니다. 원페이지 독서맵핑을 하면서 작성한 '목적 질문, 책에서 찾은 답 3가지, 책과 삶 연결하기'를 활용하여 책 리뷰의 서론, 본론, 결론으로 연결하면 쉽고 빠르게 책 리뷰 콘텐츠를 만들 수 있습니다.

인사이트 콘텐츠

인사이트 콘텐츠는 단순히 책을 소개하는 것을 넘어 책을 읽으면서 생긴 깊이 있는 질문과 그에 대한 통찰을 정리한 콘텐츠입니다. 예를 들어 《누가 내 치즈를 옮겼을까?》(스펜서 존슨, 진명출판사)를 읽고 '두려움'에 관해 다음과 같은 질문을 던질 수 있습니다.

'사람들이 큰 목표를 세우기 어려워하는 이유는 두려움 때문입니다. 그런데 만약 이런 두려움이 없다면 우리는 과연 어떤 일에 도전할 수 있을까요?'

이러한 유형의 질문은 목표에 대한 두려움에서 벗어나게 하고 대담한 목표를 상상할 수 있게 합니다.

이렇게 책을 읽으면서 깊이 있는 질문을 던지고 그것에 대한 자신의 통찰을 덧붙여 내가 읽은 책을 콘텐츠로 만들면 다른 사람에게 도움이 되는 인사이트 콘텐츠가 될 수 있습니다.

문제 해결 콘텐츠

인사이트 콘텐츠가 책을 읽으면서 깊이 있는 질문과 그 질문에 대한 자신의 통찰을 정리한 것이라면, 문제 해결 콘텐츠는 책을 읽으면서 갖게 된 질문과 인사이트를 직접 행동으로 옮겨 문제를 해결한 나만의 경험을 토대로 만든 콘텐츠입니다. 즉, 내가 해결하고 싶은 문제의 답을 책에서 찾고, 그 답으로 문제

책에 담긴 이론 × 책에 담긴 이론 = 이론 콘텐츠
　　　　　　　　　　　　　　　　= 다른 사람도 만들 수 있는 콘텐츠
책에서 발견한 인사이트 × 성공 경험 = 문제 해결 콘텐츠 = 나만의 콘텐츠

이론 콘텐츠와 나만의 콘텐츠

를 해결한 경험을 글이나 사진, 영상으로 표현한 것이 바로 문제 해결 콘텐츠입니다. 이렇게 만든 문제 해결 콘텐츠는 단순히 이론을 나열한 콘텐츠와는 다르게 나만의 문제 해결 방법과 성공 경험을 통해서 만들어진 것으로 다른 사람이 절대 모방할 수 없는 나만의 차별화된 콘텐츠가 될 수 있습니다.

나만의 콘텐츠를
발견하는 과정

여러 가지 문제 해결을 위한 콘텐츠를 만들다 보면 독자가 가장 많이 반응하는 콘텐츠가 있습니다. 이것이 바로 '나만의 콘텐츠'입니다. 이런 나만의 콘텐츠는 두 가지, 곧 독자의 수요와 나만의 강점이 동시에 충족될 때 탄생하게 됩니다.

책 읽고 단 한 장의 마인드맵으로 정리하는 '원페이지 독서맵핑'이 제 코어 콘텐츠가 된 이유는 이 두 가지가 모두 충족되었기 때문입니다. 다시 말해 '책을 읽고 나서 남는 게 없다'라는 독서 난제를 해결하는 방법을 찾는 독자의 니즈가 많았고, 이를 위한 해결책으로 '원페이지 독서맵핑'이라는 나만의 차별화된 방법을 사람들에게 제시했기 때문입니다.

처음 원페이지 독서맵핑을 실천하면서 이 과정을 콘텐츠로 공유하기 시작하는 것은 2022년 11월이었습니다. 그리고 이것을 나만의 차별화된 프로세스로 더 구체화해서 지식 콘텐츠 비즈니스로 만든 것은 그 후 약 8개월이 지나서였습니다. 원페이지 독서맵핑을 바로 수익화로 연결시키지 않은 이유는 수익을 위해 만든 것이 아니었을 뿐 아니라 이것이 수익이 되리라고는 전혀 생각하지 못했기 때문입니다. 그저 나의 문제 해결에 충실했을 뿐입니다.

그러다 《포뮬러》(알버트 라슬로 바라바시, 한경비피)를 원페이지 독서맵핑으로 정리하면서 '내 성과에 반응할 집단이 있으면 성공의 공식이 성립될 수 있다.'는 문구를 발견하고, 내 성과에 반응할 집단을 SNS에서 찾기로 결심했습니다. 그 결과는 제가 생각했던 것보다 훨씬 컸습니다. 이렇게 해서 '원페이지 독서맵핑'이라는 '나만의 콘텐츠'가 탄생하게 된 것입니다.

여러분도 저처럼 자신의 문제를 해결한 경험과 방법을 다른 사람과 공유하면, 이를 경험하고 싶은 독자를 만날 수 있습니다. 나의 문제 해결 방법과 경험을 다른 사람의 공통된 문제를 해결하는 프로세스로 업그레이드하면 '나만의 콘텐츠'로 발전시킬 수 있습니다. 생존독서를 통해 내 문제를 하나씩 해결하면서 그 한계를 뛰어 넘다 보면 '나만의 콘텐츠'를 반드시 찾을 수 있을 것입니다.

3

생존책방의 콘텐츠 성장 과정

앞서 소개한 3가지 콘텐츠는 생존독서 과정에서 만들 수 있는 콘텐츠이지만, 독서 경험과 문제 해결 경험의 수준에 따라 단계별로 성장하게 됩니다. 즉, 책 리뷰 콘텐츠, 인사이트 콘텐츠, 문제 해결 콘텐츠 순서로 발전합니다.

책 리뷰 콘텐츠

처음은 그저 나 자신을 위한 기록을 목적으로 SNS에 책 리뷰를 작성했습니다. 책 리뷰를 작성하고 나서 시간이 지나면서 많은 사람이 제 콘텐츠에 반응하기 시작했습니다. 3년 정도의 시간이 지나면서 책 리뷰 콘텐츠에 대한 반응이 정체되는 정체기를 겪었고, 지친 나머지 약 1년 6개월 동안 리뷰를 중단하는 시기를 보내기도 했습니다. 그 후 다시 용기를 내서 보통의 책 읽기가 아니라 저만의 생존독서를 시작했습니다. 그리고 생존독서를 통해서 단순히 책을 소개하는 책 리뷰 콘텐츠를 넘어 새롭게 콘텐츠를 업그레이드할 수 있었습니다.

인사이트 콘텐츠

제 문제를 해결하기 위해 시작한 생존독서를 통해서 갖게 된 깊이 있는 질문과 인사이트를 발전시켜 이전과는 다른 콘텐츠를 만들기 시작했습니다. 이때부터 콘텐츠를 만들 때 나를 위한 기록이 아니라 타인을 위한 기록이 되도록 의식적으로 노력했습니다. 이러한 고민과 노력으로 탄생한 인사이트 콘텐츠는 팔로워에게 많은 공감과 지지를 받았습니다. 덕분에 제 계정도 정체기를 뚫고 다시 성장하기 시작했습니다. 그때 팔로워로부터 많은 지지와 공감을 끌어낸 대표적인 인사이트 콘텐츠 제목을 소개하면 다음과 같습니다.

- 독서가 어렵게 느껴진다면 무조건 버려야 할 잘못된 독서법 5가지
- 독서법 책 21권 읽고 깨달은 인사이트 5가지
- 100일 동안 67권 읽고 정리한 책 빨리 읽는 법

이 콘텐츠는 모두 생존독서를 하면서 던진 질문에 대해 주제독서 한 책에서 찾은 인사이트와 그 해결책이었습니다.

문제 해결 콘텐츠 (나만의 콘텐츠)

인사이트 콘텐츠가 쌓이면서 제 경험도 함께 성장했습니다. 그 결과 책을 읽고 문제를 해결한 '나만의 경험'을 공유할 수 있는 새로운 콘텐츠 소스가 쌓이기 시작했습니다. 그러자 그 소스를 토대로 책에서 찾은 답을 행동으로 옮겼을 때만 나올 수 있는 문제 해결 콘텐츠를 만들 수 있게 되었습니다. 이렇게 만들어진 문제 해결 콘텐츠는 어디까지나 저만의 실천 경험에서 나온 것으로, 다른 사람이 절대 모방할 수 없는 콘텐츠가 되었습니다. 그런 만큼 사람들의 공감도 달랐습니다. 이

전에는 생각조차 할 수 없는 많은 사람의 반응과 지지를 받았습니다. 대표적인 문제 해결 콘텐츠의 제목을 소개하면 다음과 같습니다.

- 20권씩 주제독서 하면 일어나는 변화 7가지
- 매일 새벽 기상하는 법 7가지
- 책 읽고 정리하는 법 – 원페이지 독서맵핑

여러분도 이 책에 소개한 생존독서를 통해 책과 삶을 연결하고 자신의 문제를 해결한 경험을 문제 해결 콘텐츠로 발전시켜 기록해 보기 바랍니다. 그러면 여러분과 비슷한 고민을 하는 사람들로부터 많은 지지와 공감을 받게 될 것입니다.

콘텐츠 비즈니스를
원 페이지로 기획하기

 나만의 콘텐츠가 비즈니스로 발전하기 위해 가장 중요한 일은 콘텐츠를 지속해서 기록하는 것입니다. 지속성이 있어야 독자들이 반응하는 콘텐츠를 찾을 수 있고, 반응하는 콘텐츠를 기반으로 비즈니스 아이디어를 실행으로 옮길 수 있기 때문입니다. 따라서 콘텐츠를 지속해서 기록하려면 콘텐츠를 만들기 전에 '나는 어떤 대상을 어떤 방법으로 도울 것인가?'에 관해 질문하고 그 답을 찾아야 합니다.

 이 질문을 통해 콘텐츠를 만들면서 내 콘텐츠에 대한 독자의 니즈와 나만의 강점, 가치를 찾아 나가야 합니다.

이런 과정을 겪다 보면 어느 시점에 '나만의 콘텐츠'에 대한 방향성을 발견하게 되고 자신의 콘텐츠를 비즈니스로 전환할 수 있습니다. 바로 이때 자신의 콘텐츠 비즈니스를 원 페이지 기획서로 정리할 필요가 있습니다. 이렇게 해야 콘텐츠 비즈니스를 흔들림 없이 지속할 수 있습니다. 원 페이지 콘텐츠 비즈니스 기획서야말로 콘텐츠 비즈니스의 본격적인 출발점이자 나침반이기 때문입니다. 하지만 자신의 비즈니스의 핵심을 원 페이지로 정리하기가 절대 쉽지 않습니다. 그래서 제가 생존책방이라는 지식 콘텐츠 비즈니스를 고민하면서 작성한 원 페이지 기획서를 공유합니다. 여러분도 이 양식을 참고하여 자신만의 콘텐츠 비즈니스 기획서를 작성해 보기 바랍니다.

나는 (　　　　　　) 문제를 겪고 있는 (　　　　) 독자에게
(　　　　　　) 주제에서 내가 해결한 문제 (　　　　　)를/을
나만의 해결책 (　　　　　) 방법으로 가치를 제공합니다. 내가
콘텐츠 독자들에게 제공하고 싶은 가치는 (　　　　　　)입니다.
수익은 (　　　　　　　　　　)라는 콘텐츠 상품/서비스로
월 수익 (　　　)을 만듭니다.

저자 예시

나는 (책 읽고 기억이 나지 않는) 문제를 겪고 있는 (독서를 잘하고 싶은 3040) 독자에게 (독서) 주제에서 내가 해결한 문제 (책 읽고 정리하는 방법)을 나만의 해결책 (원페이지 독서맵핑) 방법으로 가치를 제공합니다.
내가 콘텐츠 독자들에게 제공하고 싶은 가치는 (독서를 통한 삶의 변화)입니다. 수익은 (원페이지 독서맵핑)이라는 콘텐츠 상품/서비스로 월 수익 (500 만 원 이상)을 만듭니다.

부록

원페이지 독서맵핑 사례

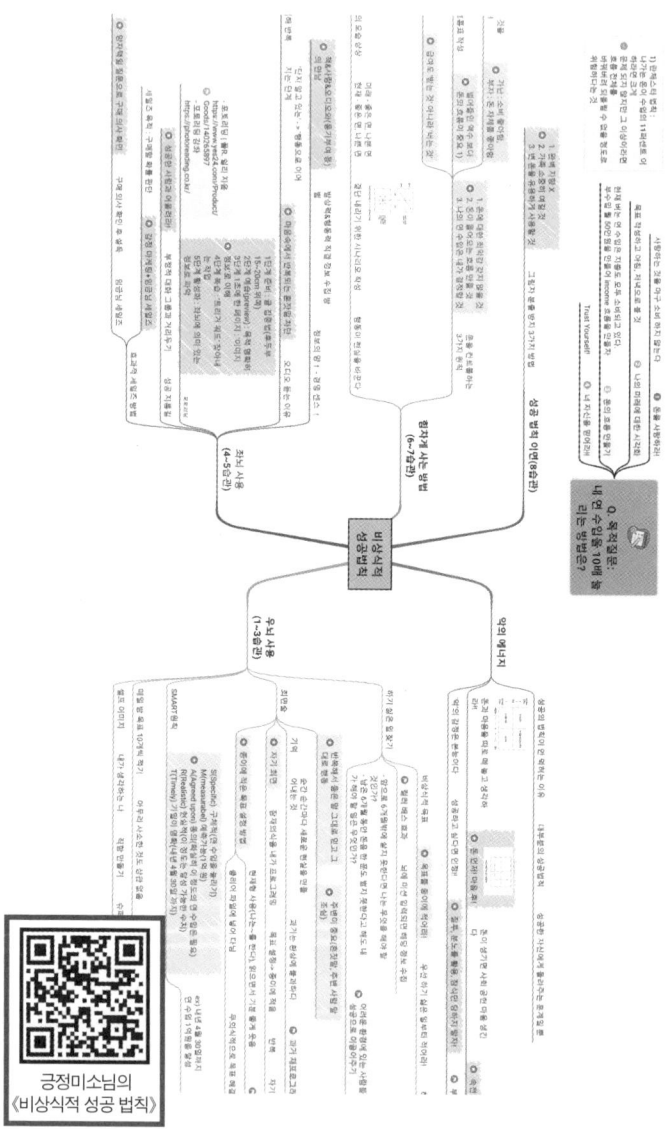

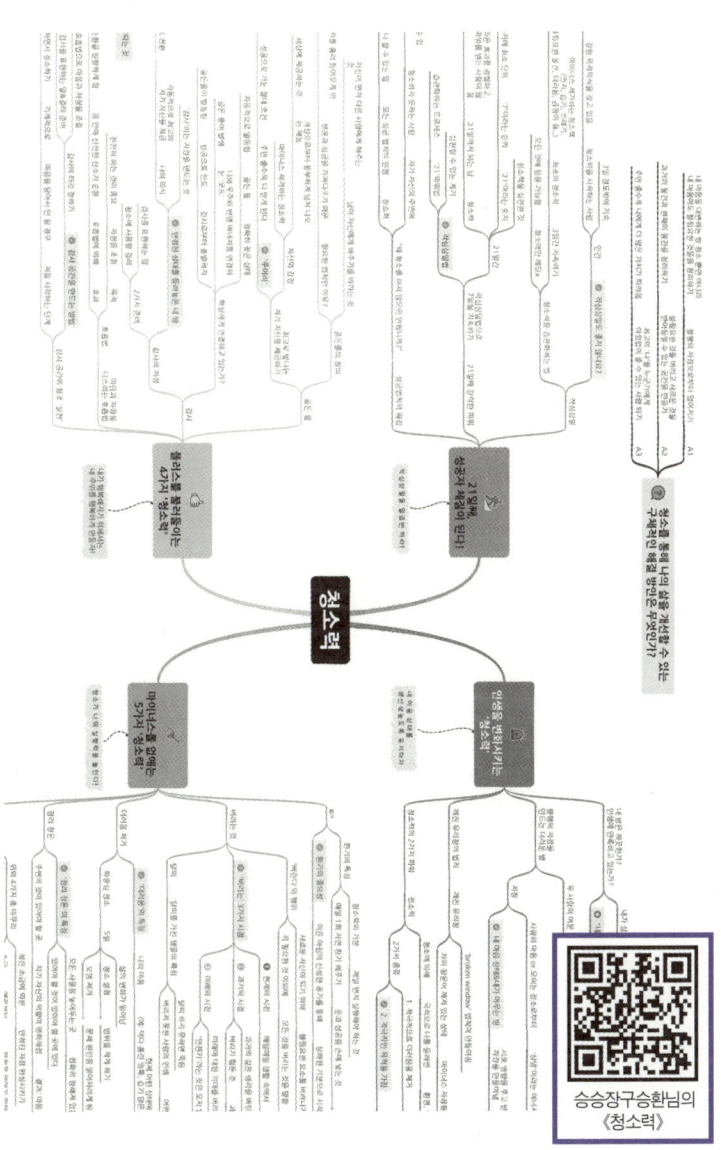

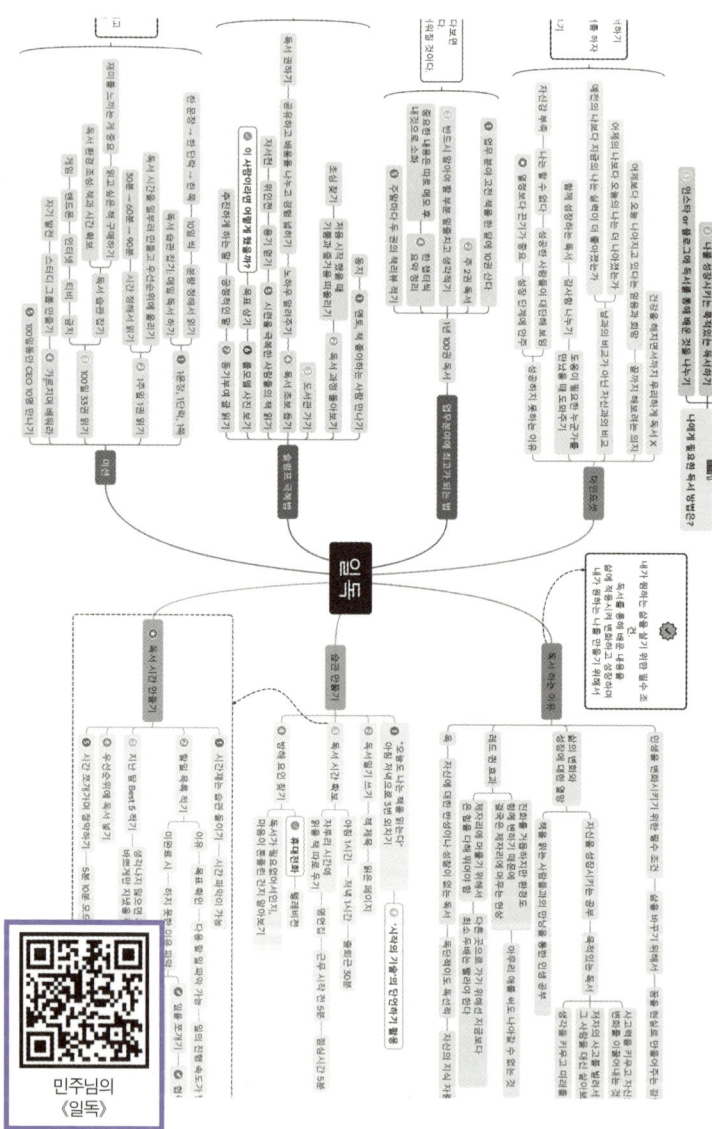

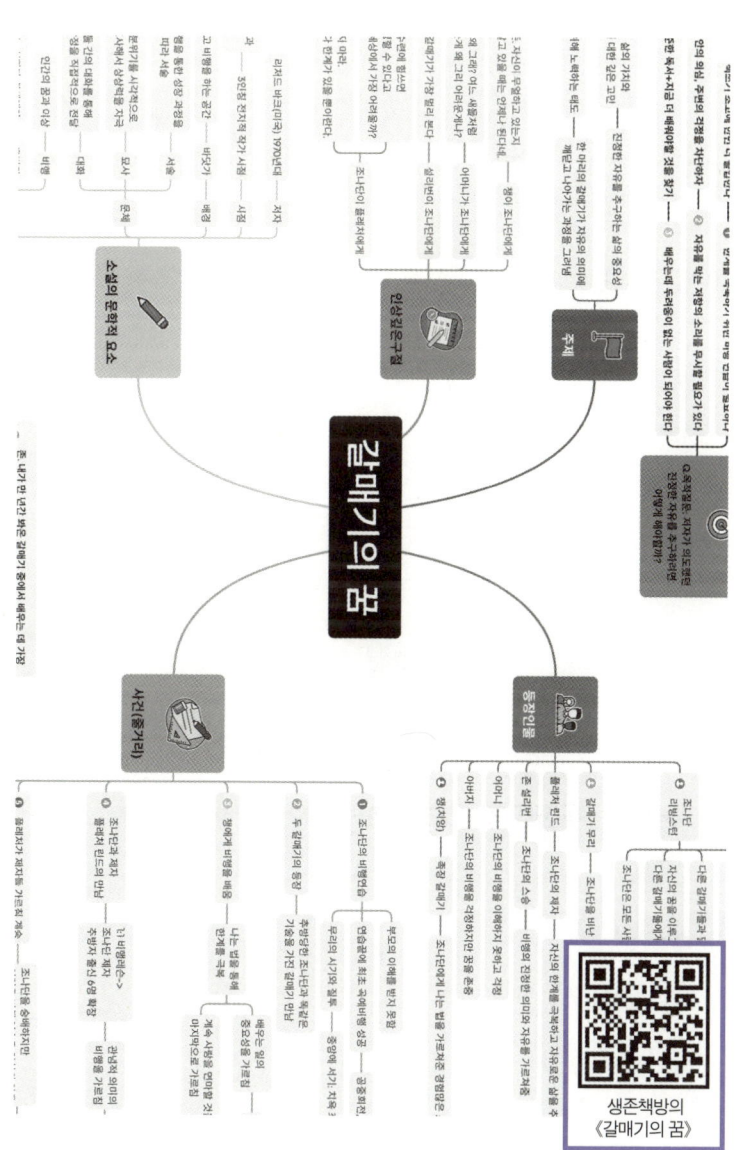

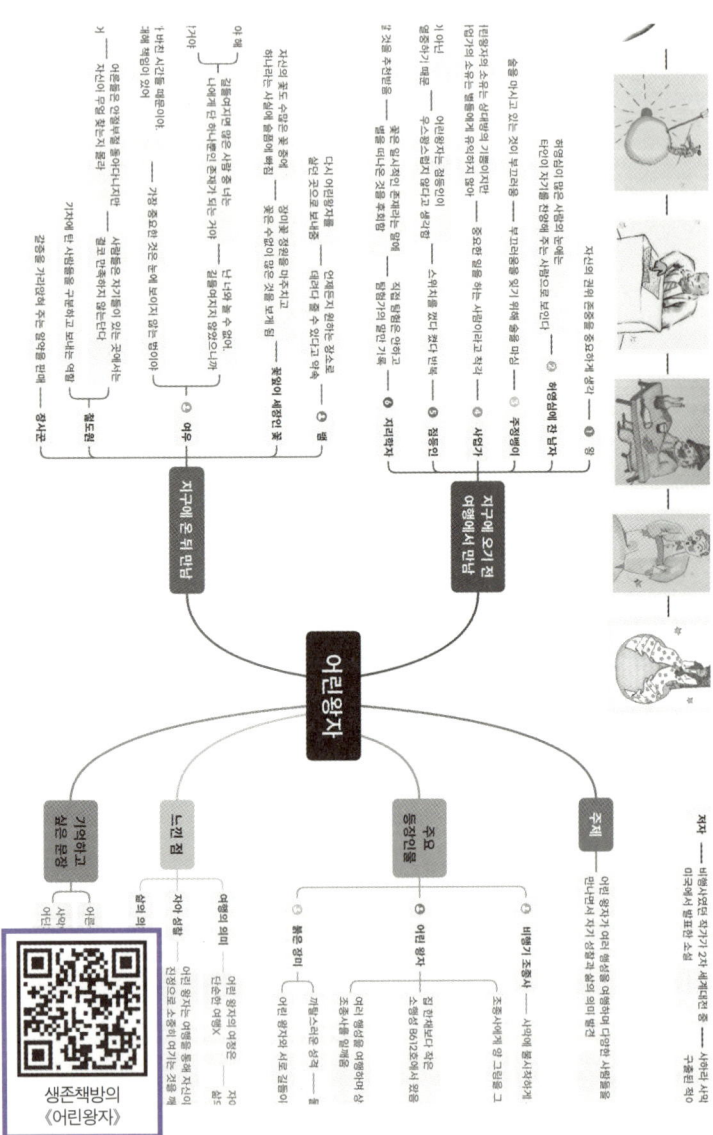

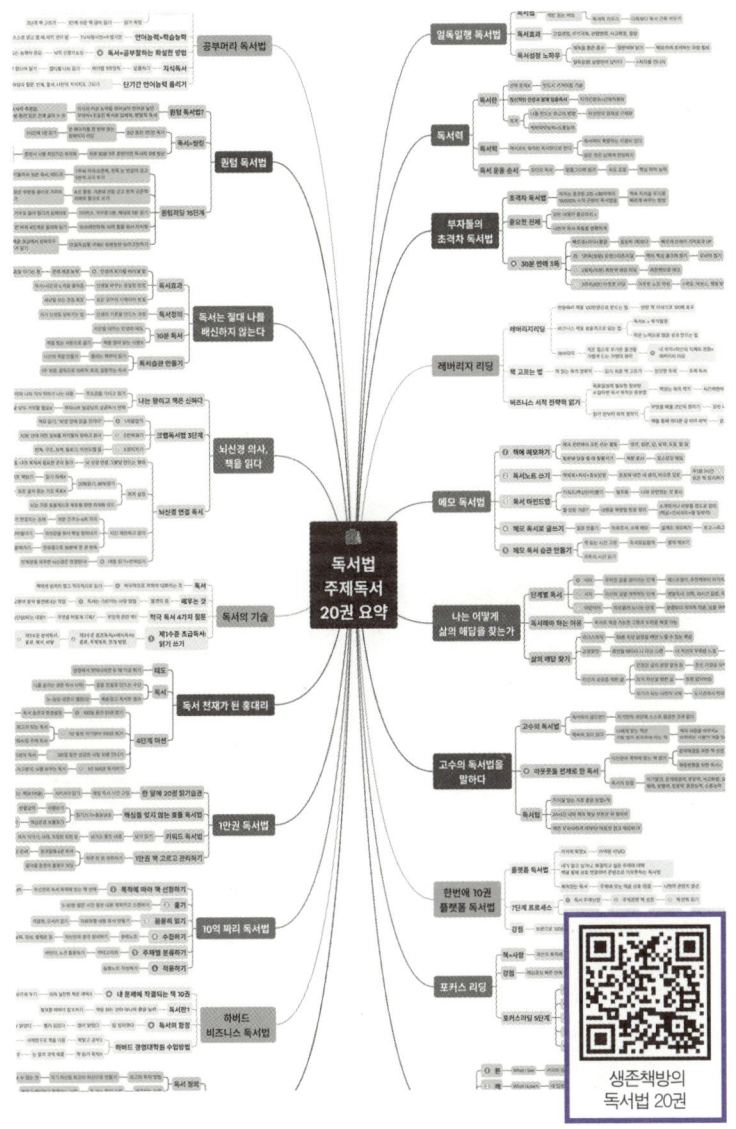

생존책방의 독서법 20권

생존독서

초판 1쇄 발행 2025년 7월 1일

지은이 생존책방(송선규)

발행인 강재영

발행처 애플씨드

출판사 등록일 2021년 8월 31일 (제2022-000065호)

기획 편집 이승욱

표지 디자인 육일구 디자인 | **본문 디자인** 황지희

마케팅 이인철

CTP출력 인쇄 제본 (주)성신미디어

ISBN 979-11-990729-4-7 (03190)

이메일 appleseedbook@naver.com | **블로그** https://blog.naver.com/appleseed__

페이스북 https://www.facebook.com/AppleSeedBook | **인스타그램** https://www.instagram.com/appleseed_book/

· 이 책에 실린 내용, 다자인, 이미지, 편집 구성의 저작권은 애플씨드와 지은이에게 있습니다. 따라서 저작권자의 허락 없이 임의로 복제하거나 다른 매체에 실을 수 없습니다.

> 애플씨드에서는 '한 걸음을 내딛는 용기'를 북돋는
> 소중한 원고를 기다립니다.
> appleseedbook@naver.com